Lorenz Schröter

Benimm ist in!

Mosaik bei
GOLDMANN

Lorenz Schröter

Benimm ist in!

Basics für gute Umgangsformen

Mosaik bei
GOLDMANN

Dank

Ich danke meinen Interviewpartnern
Christoph Heinrich, Bund Naturschutz,
Edith Stork, Fachfrau für Bürologistik,
und Marita Warner, Diplom-Psychologin.

Umwelthinweis:
Dieses Buch und der Schutzumschlag
wurden auf chlorfrei gebleichtem Papier gedruckt.
Die Einschrumpffolie (zum Schutz vor Verschmutzung)
ist aus umweltfreundlicher und recyclingfähiger PE-Folie.

1. Auflage

Redaktion: Annette Baldszuhn
Umschlaggestaltung: Eisele-Grafikdesign, München
Umschlagillustration: Bernd Pfarr
Satz: Barbara Rabus, Sonthofen
Druck und Bindung: GGP Media GmbH, Pößneck
Printed in Germany
ISBN 3-442-39068-0
www.goldmann-verlag.de

Inhalt

Vorwort

Die wenigsten von uns leben als einsame Hirten in der Abgeschiedenheit der Berge. Dort könnten wir in der Nase bohren, ungewaschen herumlaufen und lauthals falsch singen, ohne jemand damit zu stören. Doch der Mensch ist ein soziales Wesen. Er lebt in einer Gesellschaft, und in der existieren Regeln.

Um die Richtschnur für sicheren Benimm zu finden, können wir uns oft auf unser Gefühl verlassen. Aber das allein reicht nicht. Denn was ich als richtig ansehe, müssen nicht alle anderen auch hinnehmen.

In Freiburg gibt es einen Mann, der gern nackt joggt. Er fühle sich dabei so frei, und das sei doch ganz natürlich, und kein prüder Sittenwächter hätte das Recht, ihn einzuschränken. Bla, bla, bla. Dieser Mann verletzt die Grundregel jeglichen guten Benehmens: Er denkt nicht an die anderen. Nicht an die Kinder, die noch nie einen Nackten gesehen haben. Nicht an die Menschen, die gerade genüsslich ein Wurstbrötchen verspeisen möchten, ohne auf ein wippendes Geschlechtsteil blicken zu müssen. Er ignoriert konservative Nachbarn, ihm sind mögliche Schreckenserinnerungen von Vergewaltigungsopfern egal. Die Freiheit, ohne Hose herumzulaufen, ist ihm allemal wichtiger. Dieser nackte Jogger ist übrigens Psychologe, und wenn es jemand gibt, der seinen Beruf verfehlt hat, dann mit Sicherheit dieser fanatische Selbstverwirklicher. Ihm geht die entscheidende Fähigkeit eines Psychologen völlig ab – Einfühlungsvermögen. Diese auch Empathie genannte wertvolle Eigenschaft macht ein ziviles Zusammenleben der Menschen erst möglich. Empathie ist mehr als »Was du nicht willst, das man dir tu, das füg auch keinem anderen zu«. Empathie respektiert fremde Bedürfnisse und andere Moralvorstellungen.

Ja, manchmal ist es verdammt schwer, die Bedürfnisse seiner Umwelt zu respektieren. Beispielsweise wenn man in einer überfüllten U-Bahn steht. Wenn man es beim Autofahren eilig hat. Wenn man traurig, wütend, beleidigt oder einfach nur in Gedanken ist. Andererseits sieht jeder die Vorzüge guten Benehmens auf der Stelle ein, wenn er gerade in der U-Bahn einen Ellbogen in den Rücken gerammt bekommt. Oder wenn ihm auf der Autobahn ein Drängler zentimeterdicht auffährt. Oder er im Kino neben einem sich breitbeinig fläzenden Menschen mit Knoblauchfahne sitzt, dessen Handy dauernd klingelt.

Weil wir uns jedoch nicht permanent in die Lage aller Menschen um uns herum versetzen können, gibt es ein ABC des guten Tons. Die Einigung auf gemeinsame Regeln für anständiges Benehmen, damit wir miteinander auskommen. Damit wir wissen, wo die Grenze zu ziehen ist.

Höflichkeit ist kein veraltetes Korsett, das uns in die Rolle zwängt, immer schön brav zu sein, Vater und Mutter zu ehren und älteren Menschen nicht zu widersprechen. Tischmanieren sind kein höfisches, ansonsten aber sinnfreies Ritual. Das Verhalten eines Gentlemans zielt nicht darauf ab, die Lady rumzukriegen. »Danke« und »Bitte« sagen dient nicht nur dazu, einen wohlerzogenen Eindruck und Karriere zu machen.

Mit guten Manieren wahren wir die Form, sie erleichtern unser Zusammenleben. Richtiges Benehmen bedeutet aber auch, dass wir uns durchsetzen können. Anstand ist die Nährlösung für unsere Gesellschaft, ein Elixier, das das Leben verschönert. Wir fühlen uns sicherer beim geselligen Umgang. Wir machen uns beim anderen Geschlecht beliebt. Ehen, in denen die Partner respektvoll miteinander umgehen, währen länger. Und, ja, höfliche Menschen leben länger.

Das ABC des guten Tons

»Während der Diskussion spielte Ludwig Wittgenstein nervös mit dem Schürhaken. Er benutzte ihn wie einen Dirigentenstab, um seine Behauptungen zu unterstreichen. Die Auseinandersetzung drehte sich vor allem um die Gültigkeit ethischer Grundsätze. Wittgenstein forderte mich auf, ein Beispiel für eine moralische Regel zu nennen. Ich erwiderte: ›Man soll einen Gastredner nicht mit einem Schürhaken bedrohen.‹ Daraufhin warf Wittgenstein ärgerlich den Schürhaken hin, stürmte aus dem Raum und schlug die Tür hinter sich zu.«

David J. Edmonds, John A. Eidinow: »Wie Ludwig Wittgenstein Karl Popper mit dem Feuerhaken drohte«

Wenn Sie wissen wollen, wie man sich halbwegs ordentlich benimmt, schauen Sie sich einen Krimi im Fernsehen an und achten dabei auf die Manieren des Kommissars. Sich unrasiert im Sessel lümmeln und mit vollem Currywurstmund reden. Ins Haus platzen, ohne sich vorher anzumelden. Keine Rücksicht nehmen auf Nachtruhe, Wochenende und Intimsphäre. Jeden pampig anfahren, der nicht sofort pariert. Sich niemals entschuldigen. Seinen Beruf wichtiger als alles andere ansehen. Mit beleidigter Miene das Elend der ganzen Welt zur Schau tragen. Im Halteverbot parken, Politessen beschimpfen, Strafzettel zerknüllen. Drohen, lügen, brüllen. Körperverletzung, Hausfriedensbruch und Nötigung im Viertelstundentakt ... Nein, so ganz bestimmt nicht!

Erstaunlicherweise haben Despoten und Serienkiller wesentlich höflichere Umgangsformen als die Beamten von der Kripo – wenn man den Drehbuchautoren glauben darf.

Adel

In Deutschland wurde der Adelsstand 1919 abgeschafft. Seitdem leben wir in einer Republik. Hoheiten, Fürsten, Grafen, Barone gibt es nicht mehr. Der so genannte Adelstitel ist heute offiziell lediglich Bestandteil des Nachnamens. Weil also der Graf zum Nachnamen gehört, heißt es »Otto Graf Lambsdorff« und nicht »Graf Otto Lambsdorff« wie vor 1919.

Die wenigsten halten sich allerdings an dieses Gesetz, denn eigentlich müsste ich »Herr Graf Lambsdorff« sagen, so wie ich eine Frau mit einem Bindestrich-Nachnamen anrede, zum Beispiel Frau Graf-Agassi. Doch mit »Herr Graf Lambsdorff« redete früher das Personal seine Herrschaft an. Das heute übliche »Graf Lambsdorff, dürfte ich um die Butter bitten« entspricht mehr dem süddeutschen »Meyer, reichen Sie mir bitte die Butter«, woraufhin ein hanseatischer Herr Meyer – so viel Zeit muss sein – eher erstarren würde. Die Mitbürger mit dem Doppel- und Dreifachnamen werden weiterhin gern beispielsweise »Fürstin von Thurn und Taxis« genannt. Fühlen Sie sich als aufrechter Republikaner und wollen den monarchistischen Zirkus umgehen, dann fügen Sie den Vornamen bei: »Frau Gloria Fürstin von Thurn und Taxis«. Ansonsten lassen Sie den erlauchten Damen und Herren ihren Spleen und nennen sie halt Graf und Fürstin.

Akademiker

Akademische Titel gehören zum Namen. Die korrekte Anrede lautet also Herr Doktor Meier und Frau Professorin Müller. Bei häufigerem und entspannterem Umgang schleift sich das meist ab. Magister, Diplomingenieur oder Finanzrat nennt man sich nur in Österreich.

Anklopfen

Bei geschlossenen Türen klopfen Sie an und warten auf ein »Herein!«. Bei Behörden mit Publikumsverkehr reicht es, anzuklopfen und eine Sekunde zu warten, ob nicht jemand ruft: »Einen Augenblick, bitte!« Dann können Sie ohne eine Aufforderung abzuwarten eintreten. Angelehnte Türen gelten als offen, da brauchen Sie nicht zu klopfen.

Manchmal sollten Sie auch an Schlafzimmertüren klopfen. Beispielsweise bei den Eltern oder den eigenen Kindern ab der Geschlechtsreife.

Anrede und Begrüßung

Ein Mann steht in der Tür, schaut sich zögerlich um, öffnet den Mund, unsicher ob ein »Hallo« angebracht ist, und sagt dann doch nichts. Dabei sind die Regeln einfach: Jeder, der einen Raum betritt, begrüßt die Anwesenden. Im Wartezimmer des Arztes wirft man ein allgemeines »Guten Tag« in die Runde. Die Anwesenden murmeln eine Antwort oder nicken. Auch bei Behörden, im Supermarkt oder in der Boutique wünscht man erst einmal einen guten Tag, bevor man sein Anliegen oder seinen Wunsch äußert.

Im gesellschaftlichen Umgang, privat oder beruflich, gibt man dem Gastgeber die Hand, begrüßt alle anderen und merkt sich deren Namen. Wenn Sie nicht vorgestellt werden, stellen Sie sich selbst vor. Traditionellerweise zuerst der Mann, dann die Frau, zuerst der Jüngere, dann der Ältere, aber diese Regel gilt nur noch in sehr konservativen Kreisen. Die Begrüßten antworten: »Nett, Sie kennen zu lernen.« Nicht mit einem »Angenehm« – das ist zu verstaubt.

In Ostdeutschland geben sich Kollegen, Freunde und neu Eingetroffene zur Begrüßung und zur Verabschiedung jedes Mal alle reihum die Hand.

Zu älteren Herrschaften dürfen nur die Enkel Oma und Opa sagen. Eine Krankenschwester namens Annika Schmidt wird mit »Frau Schmidt« angesprochen, außer sie stellt sich als »Schwester Annika« vor.

In Berlin nennen Verkäuferinnen und Taxifahrer grundsätzlich jeden Kunden »junger Mann« bzw. »junge Frau«. Für 80-jährige Neuankömmlinge ist das manchmal irritierend.

Diskretion

Jeder von uns hat Anspruch auf einen Bereich, in dem er ungestört sein kann, wo nur die eigenen Regeln gelten, wo kein anderer etwas zu suchen hat. Die private Schublade am Arbeitsplatz, die Manteltasche, das Tagebuch. Blättern Sie deshalb nicht in fremden Briefeingangskörben herum. Lesen Sie keine fremden Kontoauszüge, auch wenn sie offen herumliegen. Briefe, E-Mails, SMS, Mailboxanrufe, Websitebesuche, der PC gehören zur Intimsphäre. Private E-Mails werden nicht ohne Einverständnis des Verfassers weitergeleitet.

Wenn Sie einen Freund, Verwandten oder Bekannten zur Apotheke begleiten, warten Sie draußen, denn Sie müssen nicht wissen, ob er Kondome, Inkontinenz-Windeln oder Abführtee braucht.

Im Krankenhaus verlassen Sie bitte den Raum, wenn ein Patient untersucht wird.

Lauschen am Nebentisch ist sowohl gegenüber dem Belauschten als auch gegenüber Ihrem Tischnachbarn unhöflich.

Hand- und Brieftaschen sind tabu für andere.

Übertriebene Aufmerksamkeit kann terrorisieren: Wenn sechs Augenpaare den Essenden beobachten, ob ihm die Suppe auch nicht zu heiß ist, und drei Münder alle zehn Sekunden fragen, ob noch etwas fehlt. Wenn jeder suchende Blick, jedes tiefe Durchatmen, jedes kurze Stirnrunzeln eine besorgte Reaktion auslöst. Lassen Sie den anderen ruhig auch mal für eine Sekunde ungestört verärgert sein.

Duzen & Siezen

Es ist oft der reinste Eiertanz. Soll ich den sympathischen Mann, die nette Frau jetzt duzen? Wir kennen uns kaum, aber eigentlich sind wir vom selben Stamm. Es ist zwar ein beruflicher Anlass, andererseits sind wir uns halb privat vorgestellt worden. Vom Du gibt es kein Zurück – obwohl man vielleicht lieber beim Sie geblieben wäre. Unangenehm ist es, wenn man als Praktikant oder Berufsanfänger geduzt wird, umgekehrt jedoch das Sie erwartet wird: »Du kannst mich ruhig siezen.«

Ab Mitte 20 beginnen Gleichaltrige, sich zu siezen. Das ist immer ein kleiner Schock: Sehe ich so alt aus? Zuerst sind es die Fremden im gleichen Alter, dann die Berufskollegen und zuletzt die neu vorgestellten Freunde von Freunden. In der Freizeit duzen sich trotzdem viele Jeansträger und alle Popkonzertbesucher, auch mit Anfang 60. Um dem Duzen auf dem Flohmarkt oder durch die junge Kartenverkäuferin auf dem halbalternativen Literaturfestival zu entgehen, hilft das Tragen von Anzug oder Kostüm.

Studenten und Auszubildende duzen sich automatisch untereinander. Der engere Kollegenkreis duzt sich meist auch, dabei muss die Initiative vom Chef bzw. den Kollegen ausgehen, die schon länger im Betrieb sind: »Wir duzen uns hier übrigens alle.«

Es sind die Älteren und stets die Vorgesetzten, die das Du anbieten. Ein jüngerer Chef muss, so er denn will, das Du dem Älteren vorschlagen. Doch viele Ältere möchten am Arbeitsplatz lieber gesiezt werden.

In größeren Betrieben herrscht meist ein ziemlich ausgeklügeltes Duz-System. Innerhalb einer Abteilung duzen sich die Menschen, die vom anderen Stockwerk werden gesiezt. Manchmal entsteht zwischen Einzelnen eine Duz-Beziehung, die aber nicht für alle gilt.

Den Chef des Chefs sollten Sie auf jeden Fall siezen. Das ist bei beruflichen Auseinandersetzungen angenehmer.

Eine etwas altmodische, aber durchaus vorteilhafte Mischung ist das so genannte Hamburger Siezen: Man spricht sich mit dem Vornamen an und bleibt beim Sie. Diese norddeutsche Spezialität ist eine lockere Art, Distanz zu wahren.

In Bayern ist eher das Gegenteil üblich, dort wird gern die Pluralform des Du verwendet: »Könnt ihr mal rüberrücken?« Trotzdem bleibt man beim Nachnamen.

In Berlin wird leider viel zu häufig geduzt.

In komplizierten Situationen – »Mit dem Michael duz ich mich, der duzt sich mit seinem Chef, der auch mein neuer Chef werden wird, dieser hingegen siezt sich mit meiner jetzigen Chefin, die auch von Michael und mir geduzt wird, und die neue Freundin von Michael siezt alle am Tisch« – heißt es in schlampige Plurals ausweichen: »Wollen wir noch ein Bier trinken?« Und lieber siezen.

Feuer geben

Gentlemen haben stets ein Feuerzeug parat, auch nichtrauchende. Reichen Sie das Feuer nicht quer über den Tisch, sondern stehen Sie auf und gehen Sie zur Dame hin. Das Feuerzeug wird so gehalten, dass die Dame sich nicht herunterbeugen oder die Feuer gebende Hand zu sich hinziehen muss. Die Flamme ist mittelgroß und nicht auf Ponyfransen versengende Flammenwerfergröße eingestellt. Survival-Feuerzeuge riechen unangenehm nach Benzin.

Husten und Schnupfen

Wer niest, entschuldigt sich. »Gesundheit!« zu wünschen ist aus der Mode gekommen. Husten und niesen Sie in ein Taschentuch, nicht in die bloße Hand, und wenden Sie dabei den Kopf ab.

Kino und Theater

Zum dritten Mal ertönt der Gong. Das Publikum strömt durch die Türen und zwängt sich durch die Reihen. Die bereits Sitzenden ärgern sich: Können die nicht früher kommen? Und die Hereinströmenden ärgern sich: Können die nicht aufstehen?

Im Kino, Theater und bei anderen Veranstaltungen zwängt man sich niemals mit dem Rücken durch die Reihen, sondern wendet den Sitzenden seine Vorderseite zu und nuschelt jedem(!) eine freundliche Entschuldigung zu. Die Sitzenden erheben sich. Alle. Jedes Mal. Das ist lästig, hält aber fit.

Wer einen Sitzplatz in der Mitte einer Reihe hat, geht bereits beim ersten Läuten in den Saal, die außen Sitzenden erst beim dritten Läuten. Zu spät kommen ist schlicht und ergreifend unmöglich!

Im Kino darf geknabbert, nach der Werbung aber nicht mehr geredet oder getuschelt werden.

Körperbeherrschung

Justus kratzt sich an der Stirn. Ulrike reibt sich die Nase. Katharina verknotet ihre Beine. Oft sind wir uns gar nicht bewusst, was wir den lieben langen Tag so alles mit unserem Körper anstellen. Gehen Sie die folgende Liste durch und prüfen Sie selbstkritisch, ob Ihnen etwas bekannt vorkommt.

- ✗ Was machen Sie mit Ihren Händen? Sie kratzen sich damit in der Öffentlichkeit, zudem noch an Stellen, die ein bisschen peinlich sind? Und Sie würden auch nicht so gern jemand die Hand geben, der sich da gerade gekratzt hat? Auch im Gesicht herumzufummeln, die Haare um die Finger zu wickeln, am Ohr zu zupfen, sich an die Nase zu langen oder den Bart zu kraulen ist nicht wirklich fein. Grundsätzlich gilt: Hände aus dem Gesicht.

- ✗ Die Hände ruhig halten. Nicht mit Gummibändern schnippen, das Etikett von Bierflaschen abfieseln, Brot zerbröseln oder heimlich die Fingernägel säubern. Oder was Sie sonst noch so machen.

- ✗ Nehmen Sie beim Reden die Hände aus den Taschen. Und kauen Sie dabei keinen Kaugummi.

- ✗ Schau mir in die Augen, Kleines. Also Sonnenbrille beim Gespräch abnehmen.

- ✗ Halten Sie sich gerade, auch im Sitzen. Es ist erstaunlich, was Sie damit erreichen. Gerade sitzen bedeutet Schultern nach hinten, Brust raus, Bauch rein. Den Hintern an die Stuhlkante, den Rücken an die Lehne. Damit verdoppeln Sie Ihren guten Eindruck.

- ✗ Sitzen Sie bitte nicht breitbeinig da. Männer sollten kein V mit den Oberschenkeln bilden (niemand ist erpicht darauf, Ihnen in den Schritt zu schauen).

- ✗ Halten Sie beim Gähnen stets die Hand vor den Mund.

- ✗ Vermeiden Sie, im Theater und bei einem Konzert zu husten. So funktioniert es: tief einatmen, um den Reiz zu bekämpfen. Andernfalls verlassen Sie bitte nach dem dritten Hustenanfall das Auditorium. Kündigt sich ein Niesanfall an, reiben Sie sich die Nasenwurzel (jetzt dürfen Ihre Hände ausnahmsweise ins Gesicht) – manchmal hilft das.

- ✗ Sie spüren ein Magengrummeln? Sofort Wasser trinken. Das löscht die peinlichen Geräusche. Auch Blähungen lassen sich unterdrücken. Zur Not entfernen Sie sich ein paar Schritte. Dasselbe gilt für Aufstoßen.

- ✗ Körpergeräusche und -säfte gelten allgemein als unfein. Spucken Sie also nicht auf den Rasen, räuspern Sie sich nicht lauthals und gurgeln Sie nicht so aufdringlich, dass es die Nachbarn hören.

- ✗ Vor und nach Rolltreppen nicht stehen bleiben. Dasselbe gilt für Eingangstüren, Treppen, Flure und schmale Supermarktgänge. Achten Sie auf Ihre Umwelt, besonders wenn sie voll ist: Möchte einer an Ihnen vorbei? Will sich jemand an der Schlange anstellen, an der Sie unschlüssig herumlungern. Im Gedränge sollten Sie nicht vor sich hin träumen. You never walk alone.

- ✗ Passen Sie auf, dass Sie niemand Ihren Rucksack ins Kreuz rammen und mit Ihrem Regenschirm keinem ein Auge ausstechen.

- ✗ Bei keiner Gelegenheit wird gedrängelt. Üben Sie sich stattdessen in Geduld.

✗ Halten Sie sich mit Körperberührungen zurück. Allgemein gilt, Sie sollten nur Freunde anfassen und nicht die Frau, mit der Sie sich erst anfreunden wollen. Knieberührungen, besonders gegenüber Frauen, sind tabu. Auch auf den Rücken tippen und »Hallo, hier bin ich« sagen gilt als aufdringlich und taktlos. Norddeutsche und Briten sind körperscheuer als Biergartenbesucher in Bayern oder italienische Hochzeitsgäste. Machtmenschen wie Politiker und Manager legen oft ihre Hand auf den Arm ihres Freundes/Gegners. Das ist eine dieser freundlichen Dominanzgesten wie das Kampfgrinsen und der doch recht feste Händedruck. Ein bisschen so wie wenn einen ein Hund anspringt, und das Herrchen meint beschwichtigend: »Der will nur spielen.«

Nachbarschaft

Beim Einzug in ein neues Haus sollten Sie sich bei Ihren Nachbarn vorstellen. Grüßen Sie die Mitbewohner im Hausflur und wenn Sie sie auf der Straße sehen, und wechseln Sie ein paar Worte am Briefkasten. Sagen Sie den Nachbarn Bescheid, wenn Sie vorhaben, eine Party zu feiern. Das ist Freundlichkeit, die sich auszahlt, und Sie vermeiden Ärger. Man wird Ihnen gern einmal mit einer Tasse Zucker aushelfen und sich bei lauter Musik nicht so schnell beschweren.

Das soll Sie jedoch nicht dazu verführen, die allgemeinen Ruhezeiten zu ignorieren: Vor 8 Uhr werktags und 10 Uhr an Wochenenden und nach 20 Uhr bitte nicht musizieren, bohren, hämmern, sägen, die Stereoanlage bis zum Anschlag aufdrehen und auch keine Flaschen in den Glascontainer vor dem Haus werfen.

Skateboardfahren und Basketballspielen sind definitiv Outdoor-Sportarten. Die Wohnungstür nicht allzu schwungvoll zuschlagen. Eingangstüren, Gartentore und andere Durchlässe, die geöffnet werden können, lassen sich auch wieder schließen. In hellhörigen Wohnungen sollten Sie den Fernsehapparat nicht direkt an die Wand stellen. Bellende Hunde gehören nicht in Mehrfamilienhäuser. Wenn Sie verreisen, nicht vergessen, den Wecker auszustellen.

Ordnung

Es gibt so genannte Schwellenschlamper – außen hui, innen pfui. Auch Messies sehen manchmal außerhalb ihrer eigenen vier Wände adrett aus. Wir können uns zwar im eigenen Chaos zurechtfinden und uns den Spruch »Wer Ordnung hält, ist nur zu faul zum Suchen« an die Pinnwand heften. Aber in Wahrheit wissen wir: Unordnung macht einsam. Ab einem gewissen Grad möchte man niemanden mehr zu sich nach Hause einladen. Ab einem bestimmten Punkt ekeln sich die Gäste. Außerdem kostet Unordnung Zeit, mehr Zeit als Aufräumen. Und Geld. Hielte man Ordnung, würden Schuhe und Autos länger halten, Verträge könnten rechtzeitig gekündigt und Stauraum in der Wohnung anderweitig genutzt werden.

Bei Ihnen zu Hause herrscht totale Unordnung? Das Design Ihrer Wohnung wird von verschiedenen Stapeln dominiert (ein Stoß alter Zeitungen, ein Haufen schmutzige Wäsche, ein Berg ungespültes Geschirr)? Versuchen Sie den Brandherd einzudämmen. Gehen Sie dabei strategisch vor – wohin würden Sie einen Gast führen? Beseitigen Sie in diesem Raum zuerst die störendste und peinlichste Unordnung: herumliegende Unterwäsche, umgekippte Möbel, voll geräumte Stühle, eingetrocknete Gläser. Gehen Sie so Zimmer für Zimmer vor: das Wohnzimmer, das Bad (wird oft von Besuchern aufgesucht, und dann sollten keine intimen Dinge herumliegen), der Eingang mit Garderobe und Schuhschrank, die Küche, zum Schluss Arbeits- und Schlafzimmer.

✗ Die Toilette so oft wie nötig putzen. Bei Stehpinklern großräumig wischen. Immer Plastikhandschuhe, einen Schwamm, Toilettenreiniger und Klobürste in der Nähe halten. Klobürste alle vier bis sechs Wochen wechseln oder regelmäßig säubern.

✗ Das Waschbecken jeden Tag von Zahnpasta, Rasiercreme usw. reinigen. Nach jedem Baden den Schmutzstreifen an der Wanne entfernen und den Abfluss von Haaren befreien. Spiegel mit Glasreiniger polieren.

✗ In der Küche täglich Tische, Arbeitsflächen, den Herd und das Waschbecken abwischen. Und zwar zweimal: einmal mit Putzmittel, danach mit nassem Schwamm oder Lappen. Kühlschrank, Herd, Spül- und Waschmaschine wöchentlich von allen Seiten säubern.

✗ Alle zwei bis vier Wochen den Kühlschrank innen gründlich mit Essigwasser auswischen, eventuell abtauen. Wöchentlich den Inhalt des Kühlschranks kontrollieren und schlecht gewordene Lebensmittel aussortieren (oft versteckt sich ganz hinten ein Glas mit eingetrocknetem Senf). Dasselbe gilt für alle offenen und gelagerten Lebensmittel. Auch Reis hat ein Haltbarkeitsdatum.

✗ Den Müll runterbringen, bevor er zur Müllhalde angewachsen ist. Fischreste sofort, Biomüll im Sommer alle zwei Tage entsorgen. Katzenklo täglich betreuen.

✗ Haustiere haben auf dem Tisch nichts zu suchen. Sie dürfen auch keine Essensreste von Menschentellern fressen. Oder die Kaffeesahne ausschlabbern. Haustiere gehören auch nicht ins Bett, das ist objektiv eklig.

- ✗ Nur sauberes Geschirr einräumen und Gästen keine beschlagenen Gläser oder angestoßenen Tassen anbieten.
- ✗ Die Wohnung jeden Morgen und Abend mindestens fünf Minuten lüften, besonders im Winter.
- ✗ Einmal pro Woche kehren, Staub saugen, den Boden putzen und die Möbel abwischen: Fernseher, Computer, Regale, Schränke.
- ✗ Alle zwei Wochen die Bettwäsche wechseln.
- ✗ Mindestens zweimal im Jahr die Fenster putzen und die Gardinen waschen.
- ✗ Alle fünf Jahre die Wände streichen.

Pinkeln

Als Gast auf fremden Toiletten nicht im Stehen pinkeln. Nach dem Gang zur Toilette immer die Hände waschen.

Pünktlichkeit

Wer zu spät kommt, respektiert die Zeit und damit auch das Leben des anderen nicht. Unpünktlichkeit ist natürlich relativ. Haben Sie sich im Winter an einer zugigen Straßenecke verabredet, sind schon sieben Minuten Wartenlassen eine Zumutung. Anders sieht es aus, wenn man gegen 15 Uhr am Nachmittag kurz bei jemand zu Hause vorbeischauen will, um ein Buch abzuholen, und sich um eine Stunde verspätet. Man weiß ja, es ist immer jemand da. Schlimmstenfalls steht man vor verschlossenen Türen.

Bei Verabredungen an öffentlichen Plätzen, an der Bushaltestelle, beim Brunnen im Park und vor einem Termin in einer Behörde sind zehn Minuten Verspätung erlaubt. Das ist eine so kurze Spanne, dass man beim Aufbruch keinen möglichen Zeitpuffer mit einplanen darf, nach dem Motto: Fünf Minuten später reicht auch. Wer dann nämlich 15 Minuten später kommt – »Ich bin fast rechtzeitig los, aber dann war plötzlich ein Stau/kam ein wichtiger Anruf« –, handelt fahrlässig.

10 bis 20 Minuten können Sie Ihre Verabredung vor Kino und Theater warten lassen, wenn Sie, bei einem Zeitpuffer von einer halben Stunde vor Einlass, die Platzkarten bereits in der Tasche haben. Doch gerade beim Ausgehen verkalkulieren wir uns oft in der Zeit: schnell noch rasieren, schminken, einen Espresso trinken. Wo sind denn nur die Schlüssel? Erfahrungsgemäß passiert das mit schöner Regelmäßigkeit, und wir sollten nicht so tun, als ob es sich um die große Ausnahme handeln würde, dass wir diesmal später dran sind. Das letzte Mal war es doch genauso.

Garantiert ruiniert man einen netten Abend, wenn einer auf den anderen wartet und wartet, und man hat keine Karten reserviert, und wenn der andere dann endlich atemlos angelaufen kommt, ist die Veranstaltung ausverkauft oder man sitzt auf einem schlechten Platz.

Da heute beinahe jeder ein Mobiltelefon besitzt, rufen viele zehn Minuten vor einer Verabredung an und sagen, dass sie sich leider verspäten. Einige machen sich das zur Gewohnheit und fühlen sich dabei völlig schuldfrei und gar nicht unpünktlich.

»Rechtzeitig« – dieser Begriff wird höchst unterschiedlich ausgelegt. Besonders bei Zugfahrten und Flugreisen gibt es die Nervösen, die unbedingt anderthalb Stunden vorher da sein müssen, und die Abgebrühten, denen fünf Minuten vor Schluss des Check-in ausreichen. Um sich die Reise nicht zu verderben, sollte man die Nervösen nicht unnötig reizen, auch wenn man selbst unter »rechtzeitig« etwas anderes versteht und es lästig findet, eine Stunde sinnlos zu warten.

Im Restaurant darf eine Frau maximal 30 Minuten zu spät

kommen. 35 sind schon zu viel! Männer dürfen sich höchstens um fünf Minuten verspäten. Während des Wartens sollte der zuerst Gekommene höchstens ein Wasser bestellen, also keinen Alkohol und keine Speisen.

Bei privaten Essenseinladungen dürfen Sie keinesfalls zu früh erscheinen! Der Gastgeber ist dann meist gerade im hektischen Schlussspurt. 10 bis 20 Minuten nach der vereinbarten Uhrzeit ist eine höfliche Ankunftsphase.

Aber auch als Gastgeber sollte man zu einer ausgemachten Zeit stehen. Wer seine Gäste für halb neun einlädt und dann erst gemächlich zu kochen anfängt, darf sich nicht wundern, wenn diese den ganzen Alkohol wegtrinken und das Weißbrot verdrücken. Die meisten Menschen essen zwischen 19 und 20.30 Uhr zu Abend, danach sollte man sich richten. Oder seine Gäste vorwarnen.

Unpünktliche Menschen haben meist einen ausgesprochen unrealistischen Realitätsbegriff. Sie wollen nur noch schnell den Brief einwerfen, Geld aus dem Bankautomaten ziehen, kurz bei der Ausstellung in der Galerie vorbeischauen, um dann rechtzeitig vor der Oper zu sein. Natürlich klappt das nie. Sie müssen noch die fehlende Briefmarke kaufen, der Bankautomat um die Ecke ist kaputt, und in der Planung wird jedes Mal die Parkplatzsuche unterschlagen. Doch unbeirrt optimistisch stellen sie bei der nächsten Gelegenheit denselben engen Terminplan auf.

Wer unpünktlich ist, hasst es meist, selbst warten zu müssen. Deshalb kommt er oder sie lieber zu spät und setzt so seine Zeit über die des anderen. Im privaten Umgang kann man die Duldsamkeit seiner Freunde vielleicht strapazieren, im Beruf dagegen hat allgemein bekannte Unzuverlässigkeit gravierende Folgen. Erfolgreiche Menschen sind meist pünktlich – auch die, die glauben, dass der Laden ohne sie nicht läuft und die Welt stehen bleibt. Mächtige Menschen setzen Unpünktlichkeit strategisch ein, um Macht zu demonstrieren. Das bedeutet, sie können mit Zeit durchaus umgehen, im Gegensatz zu notorisch Unpünktlichen.

Doch auch bei Letzteren ist Hopfen und Malz nicht verloren. Pünktlichkeit ist nämlich lernbar, und es besteht eine geringe Rückfallgefahr. Die Uhr zehn Minuten vorzustellen nützt gar nichts. Es ist nur ein weiteres Indiz für den ständigen Selbstbetrug, dass man es schon irgendwie schafft. Der einzige Ausweg besteht darin, sich die Zeit einzuteilen, mit Vorbereitungen rechtzeitig zu beginnen, Unwichtiges zu verschieben und grundsätzlich zehn Minuten für Unerwartetes einzuplanen (Parkplatzsuche, Adresse nicht finden, Stau, die Erledigung auf dem Weg dauert länger). Versuchen Sie zur Abwechslung auch einmal, zehn Minuten früher zu kommen. Dann bleibt sogar Zeit, falls Sie unbedingt noch telefonieren müssen.

Manchmal hilft auch die Schocktherapie. Die schöne Claudia war dauernd unpünktlich. Ihr Freund Christian musste ständig auf sie warten. Einmal ging er fünf Minuten nach der vereinbarten Zeit wieder nach Hause. Für Claudia brach eine Welt zusammen. Und das war gut so.

Nach dieser Verdammung der Unpünktlichkeit ein versöhnlicher Ausklang: Der wahre Gentleman lässt es sich nicht anmerken, wenn er ungeduldig wird.

Respekt

Wir fordern Respekt von anderen ein, aber sind wir auch bereit, andere zu respektieren? Die uns fremden, teilweise unbequemen Ansichten und Angewohnheiten von Senioren, Ausländern oder vom anderen Geschlecht? Von Menschen, die eine andere Lebenseinstellung oder eine andere Arbeitsmoral haben als wir, die eine andere Religion ausüben oder einer Sekte angehören?

Nehmen Sie jeden Menschen ernst. Sie müssen dessen Meinung nicht teilen, aber behandeln Sie niemand herablassend. Der Kollege hat eine geringere Schulbildung? Der Vordermann auf der Autobahn fährt ein altes Auto? Die Nachbarn sind Spießer? Trotzdem haben diese Menschen die gleichen Gefühle wie Sie. Sie empfinden genau wie Sie Glück und Trauer, verlieben sich, haben Ängste. Die Sorgen einer Hausfrau können ebenso quälend sein wie die einer Managerin. Eine kinderlose Karrierefrau ist nicht egoistischer als eine mehrfache Mutter. Respektieren ist mehr als bloßes Akzeptieren à la »Jedem Tierchen sein Pläsierchen«. Respektieren heißt, den anderen als gleichwertig zu betrachten.

Schüchternheit

Schüchternheit ist oft nur eine Ausrede für soziale Faulheit. Fassen Sie sich ein Herz und gehen Sie auf die anderen zu. Sonst laufen Sie Gefahr, als arrogant zu gelten.

Vorstellen

Stellen Sie Kollegen und Freunde einander vor, wenn diese sich nicht kennen. Das ist die Pflicht jedes Gastgebers. Nennen Sie den Namen und eventuell auch den Beruf oder andere Anknüpfungspunkte für eine Unterhaltung. Wenn Sie selbst in einer Runde landen, in der Sie niemand kennen, dann stellen Sie sich selbst vor. An einem neuen Arbeitsplatz sagen Sie jedem, wer Sie sind, und fragen die künftigen Kollegen nach dem Namen. Viele Neue machen es sich unnötig schwer, weil sie sich nicht bekannt machen.

Witze

»Treffen sich ein Amerikaner, ein Franzose und ein Bayer. Sagt der Amerikaner …« Wollen Sie wirklich wissen, was der Amerikaner, der Franzose und der Bayer sagen?

Mehr als fünf Witze hintereinander lähmen jede Unterhaltung. In einer Gesellschaft sollten nur dann anzügliche Witze erzählt werden, wenn die Frauen damit anfangen.

Witze über Abstammung, Hautfarbe, Beruf und Namen sind in aller Regel peinlich, vorhersehbar und obendrein politisch unkorrekt. Jeder, der Eder heißt, wurde schon nach Pumuckl gefragt – nicht einmal, tausendmal. Jede Stewardess kennt die Bezeichnung »Saftschubse«. Jeder nahe liegende Witz wurde garantiert schon gemacht. Und Sie wollen in Gesellschaft doch nicht als einfallslos gelten.

Verkehrsregeln

»Wir wollen den Mann besingen, der das Steuer hält … Ein Rennwagen, dessen Karosserie große Rohre schmücken, die Schlangen mit explosivem Atem gleichen. Ein aufheulendes Auto, das auf Kartätschen zu laufen scheint, ist schöner als die Nike von Samothrake.«

Emilio Martinetti: »Futuristisches Manifest«

Schätzungsweise die Hälfte aller Autofahrer kennen ihre Strecke und fahren zügig durch. Sie ärgern sich über die Autofahrer, die zu langsam anfahren, wenn die Ampel auf Grün springt, deren Motor abstirbt, die abrupt die Spur wechseln. Taxifahrer, Kuriere, Spediteure und Berufspendler auf ihrer Rennstrecke wissen, wo es lang geht, und erwarten dasselbe professionelle Verhalten von anderen Verkehrsteilnehmern.

Der gute Autofahrer, der glaubt, alle anderen müssten und würden genauso gut fahren wie er selbst (das sind besonders Taxifahrer), ist gar kein guter Autofahrer, denn er denkt nicht an schüchterne Führerscheinneulinge und vorsichtige Rentner, an Patienten, die betäubt vom Zahnarzt kommen, oder an Touristen, die sich verfahren haben, weil sie Linksabbiegerspuren und die Einbahnstraßenführung nicht kennen. Der selbst ernannte gute Autofahrer rechnet nicht mit Fahrern, die durch Stadtplanlesen, quengelnde Kinder, verirrte Wespen, Kopfschmerzen, Restalkohol oder Prüfungsangst abgelenkt sind. Der ach so gute Autofahrer erinnert sich auch nicht daran, wie er sich selbst in Paris hoffnungslos verfranzt hat und wie dumm die Ausschilderung zum Flughafen in Mallorca war.

Toleranz und Geduld im Straßenverkehr ist keine Gnade, die Sie den anderen Verkehrsteilnehmern gewähren. Es ist der beste Schutz für Ihr eigenes Leben, quasi Notwehr gegenüber all den Dilettanten, die unterwegs sind.

Verkehrsregeln gibt es aber nicht nur für den Aufenthalt im Straßenverkehr.

Autofahrer und Mitfahrer

Ein Gentleman öffnet der Dame die Wagentür und geht dabei hinten um das Auto herum. Da die wenigsten Damen allerdings beim Aussteigen warten möchten, bis man ihnen die Tür öffnet, steigen sie allein aus.

Frauen steigen so aus dem Auto, dass man ihnen nicht unter den Rock schauen kann. Also mit geschlossenen Knien die Beine wie den Ausschwenkarm eines Krans über die Schwelle drehen und dann mit beiden Füßen gleichzeitig aufstehen. Die gleiche Methode gilt bei Barhockern.

Vorn ist zwar der Ehrenplatz, aber wer lieber hinten sitzt, sollte daran denken, dass der Fahrer kein Chauffeur ist und sich auch gern unterhält. Bei mehreren Mitfahrern sollte einer vorn sitzen.

Kavaliersstarts oder andere rasante Manöver sind schlechter Stil. Ein außen und innen sauberes Auto hingegen zeugt von Takt und Rücksicht.

Im Taxi setzt sich der Mann hinter den Fahrer, rutscht also durch oder steigt von der linken Seite ein. Wer vorn sitzt, zahlt.

Wir sind nicht allein unterwegs

Es gibt die Theorie, dass wir uns im Straßenverkehr so rüpelhaft benehmen, weil wir den anderen Autofahrern nicht in die Augen schauen. Fußgänger würden nach einem kurzen Blickwechsel einander ausweichen, aber eine Blechkarosserie kann nicht zwinkern und lächeln. Weil wir ohne Augenkontakt die anderen nicht sehen, halten wir uns nach dieser Theorie nur deshalb an die Verkehrsregeln, weil wir müssen.

- Auch wenn es viele offenkundig nicht wissen: Hupen in der Stadt ist nur bei Gefahr erlaubt. Nicht aber, weil man im Stau steckt, sich einer unverschämt verhalten hat oder weil man jemand aus der Wohnung herbeirufen will. Das kann mit Bußgeld geahndet werden.

- Wer im innerstädtischen Stau bei Grün auf eine Kreuzung fährt und dort stehen bleiben muss, weil es vorn nicht weitergeht, handelt fahrlässig und unprofessionell. Außerdem ist es verboten.

- Rechtzeitig blinken! So, dass sich der nachfolgende Verkehr 50 Meter vorher darauf einstellen kann, ob Sie rechts oder links abbiegen.

- Es herrscht generelles und vorgeschriebenes Rechtsfahrgebot. Machen Sie bitte die linke und die Mittelspur auf der Autobahn frei. Pädagogisches Langsamfahren oder demonstratives Tempolimit-Einhalten auf der Überholspur ist nicht nur verboten (kann wegen Nötigung mit bis zu drei Jahren Gefängnis bestraft werden), es ist auch lebensgefährlich und, am allerschlimmsten, unhöflich.

- Auf der Autobahn mit 180 km/h oder mehr zu düsen ist ein schönes Gefühl. Sie dürfen langsame Fahrer weit vor Ihnen mit einem kurzen Tick auf die Lichthupe warnen.

Verboten und als Nötigung verfolgt sind aber aufgeblendete Scheinwerfer und Dauerblinken. Sie haben keinen Anspruch darauf, ununterbrochen Tempo zu bolzen. Ein Klappergolf darf mit 130 km/h auf der linken Spur zwei LKWs überholen, die sich am Berg ein Wettrennen liefern. Und dann geht's wieder auf die rechte Spur. Keinesfalls darf dicht auf den Vordermann aufgefahren werden. Dieser könnte durch eine Schreckreaktion, wenn er Sie plötzlich im Rückspiegel erblickt, einen Unfall verursachen. Verlassen Sie sich auch nicht auf Ihre ausgezeichneten Bremsen und Ihr exzellentes Fahrvermögen, sondern verlangsamen Sie rechtzeitig! Sie müssen natürlich stets den halben Tacho Abstand halten.

Verengt sich die Autobahn wegen einer Baustelle auf eine Spur, gilt das Reißverschlussprinzip. Es ist zwingend vorgeschrieben, auf seiner bisherigen Spur so weit wie möglich nach vorn zu fahren und direkt vor der Verengung einzufädeln. Die von rechts kommen, müssen die Autos von der Überholspur einlassen. Wenn Sie andere zum Halten zwingen, ist das Nötigung. Es gibt übrigens einen guten Grund, nicht vorzeitig nach rechts zu wechseln: Es geht schneller, ein Stau wird vermieden.

Beschimpfungen von Polizisten und Politessen sind sinnlos, und Sie müssen für Beleidigungen horrende Strafe zahlen. Selbst wenn Sie sich als Opfer einer Schikane fühlen, werden Sie durch Grobheiten nichts an Ihrer Situation ändern. Auf das Wetter schimpfen bringt ja auch nichts.

Kuhfänger – das Stahlgestänge vor der Motorhaube an Geländewagen – stellen bereits bei Schrittgeschwindigkeit ein tödliches Risiko für Kinder dar und haben in der Stadt nichts zu suchen.

Radfahrer

Auch für sie gilt die Straßenverkehrsordnung. Fahren Sie keinesfalls auf dem Bürgersteig. Rechnen Sie immer mit dem plötzlichen Auftauchen von Träumern, Senioren, Kindern und Hunden.

Geben Sie deutliche Zeichen, wenn Sie abbiegen. Verlassen Sie sich nicht auf Ihr Recht, ganz besonders müssen Sie aufpassen, wenn ein Radweg eine Straße kreuzt. Viele abbiegende Autofahrer rechnen einfach nicht mit Radlern.

Die Bremsen müssen einwandfrei funktionieren. Nachts unbedingt Rücklicht einschalten, Vorschrift sind außerdem Licht vorn und Reflektoren an der Seite.

In öffentlichen Verkehrsmitteln

Als Fahrgast in Bus oder Bahn ist man anonym. Andererseits kommt man gerade in Stoßzeiten in enge Tuchfühlung mit anderen Passagieren. Da weiß man dann zu schätzen, wenn sich Menschen anständig benehmen.

- Nicht selbstvergessen in der Nase bohren, sich im Schritt kratzen, sein Ohrschmalz begutachten, Bierdosen abstellen, Kaugummi unter die Sitze kleben, die Füße hochlegen, rempeln, drängeln …

- Nicht breitbeinig dasitzen. Wer seinen Körper nicht an seine Umgebung anpassen und die Beine nicht zusammenhalten kann, beweist nur, dass er ein schlechter Liebhaber ist.

- Die Beine nicht lang ausstrecken. Wer gerade sitzt und sich nicht hinlümmelt wie eine Puppe ohne Rückgrat, findet selbst ausreichend Platz und nimmt anderen keinen Platz weg.

- Tüten und Taschen runter vom Sitz, wenn viele Passagiere zusteigen.
- Die Zeitung nicht groß aufschlagen, wenn Sie einen Sitznachbarn haben.
- Aus dem Walkman sollte es nicht zu laut dröhnen.
- In U-Bahn, Bus und Straßenbahn nichts essen, was krümelt (Blätterteigtaschen), kleckert (Eiscreme) oder intensiv riecht (Bratwurst, Pommes, Döner, Hamburger).
- Älteren und Schwangeren stets einen Platz anbieten.
- Kinder kann man ruhig auffordern zusammenzurücken. Das ist nicht kinderfeindlich.
- Rücksicht nehmen auf Kinderwägen und Rollstühle. Aber auch junge Eltern und Rollstuhlfahrer haben keine Lizenz zum Drängeln.
- Am Bahngleis stellt man sich neben die Tür des eingefahrenen Zuges und nicht davor. Zuerst die Fahrgäste aussteigen lassen. Verabschieden Sie sich nicht mitten im Eingang. Gehen Sie zügig nach vorn, verstauen Sie Ihr Gepäck so, dass die Nachfolgenden vorbeikommen. Jacke und Mantel können Sie auch später ausziehen. Versperren Sie nicht den Gang mit dem Gepäck. Jeder darf nur so viel mitnehmen, wie er selbst tragen kann. Helfen Sie älteren Damen und Herren, das Gepäck zu verstauen.
- Mit schreienden Kindern nicht in den Großraumwagen gehen. Auch wenn sich hundert Passagiere von einem heulenden Trotzkopf terrorisiert fühlen, wird keiner etwas sagen, um nicht als Kinderhasser zu gelten. Ein Trick, um unruhige Kinder abzulenken: Machen Sie einen Wettbewerb in Luftanhalten. Lassen Sie die Kinder

schummeln, damit sie gewinnen. Dann sind sie stolz – aber still. Auch Zaubertricks helfen.

Im Flugzeug steigen die vorderen Reihen zuerst aus. Die bereits stehende Dame von Reihe 27 muss folglich dem sich erhebenden Herrn aus Reihe 26 den Vortritt anbieten. Hinten kann man so lange sitzen bleiben, bis sich die mittleren Reihen bewegen. Ungeduld bringt nichts, man wartet sowieso gemeinsam am Gepäckband.

Im Schwimmbad

Duschen Sie, bevor Sie ins Wasser steigen; im Hallenbad nackt und mit Seife. Shorts, die Sie auch als normales Kleidungsstück im Trockenen anhaben, werden nicht zur Badehose umfunktioniert. Nicht vom Beckenrand ins Wasser springen. Achten Sie beim Springen vom Sprungbrett auf andere Schwimmer.

Rücksicht im Wasser bedeutet: Rückenschwimmen nur, wenn sich nicht zu viele Menschen im Becken tummeln. Schwimmen Sie längs und nicht quer. Ziehen Sie nicht stur Ihre Bahnen, sodass die anderen ausweichen müssen. Schwimmen Sie nicht nebeneinander, Pärchen kann man kaum überholen.

Benutzen Sie auch am Badesee die richtigen Toiletten.

In der Natur

Wir sind alle Naturfreunde. Robbenbabys, der Amazonas-Dschungel und Delphine müssen geschützt werden. Richtig. Aber wer von den kanadischen Pelzhändlern, japanischen Fischern und den brasilianischen Goldgräbern Einschränkungen verlangt, sollte seinen Hund im Park anleinen, damit er kein Wild aufscheucht. Die Hälfte unserer Katzen und Hunde leiden an Übergewicht, mit Betonung auf leiden. Tauben fressen oder brüten ihr ganzes Leben. Je kürzer sie Futter suchen müssen, desto öfter brüten sie. Wer Tauben füttert, züchtet Ratten. Lassen Sie lieber einen Holzstapel oder Laubhaufen im Garten liegen, das freut die Igel. Pflanzen Sie einheimische Sträucher, das freut die Insekten. Lassen Sie einen Einflug im Dach des Gartenhäuschens, dann freuen sich die Fledermäuse.

Weitere Tipps, wie man sich in der Natur richtig verhält, gibt Christoph Heinrich vom Bund Naturschutz.

Interview

Wo und wann darf ich Blumen pflücken?
HEINRICH: »Weidenzweige mit Kätzchen sowie geschützte Pflanzen wie beispielsweise Orchideen, Lilien und Akelei dürfen nicht gepflückt werden. Ebenso alle Pflanzen, die in Naturschutzgebieten und Nationalparks wachsen. Aber von normalen Wiesen kann man sich schon mal einen Blumenstrauß mitnehmen.«

Wie sammle ich Pilze? Abscheiden, rausdrehen?
HEINRICH: »Das ist egal, nur nicht ausgraben. Informieren Sie sich vorher, welche Pilze geschützt und welche ungenießbar bzw. giftig sind, und lassen Sie diese stehen. Alte, madige Pilze im Wald lassen. Sie essen sie sowieso nicht, die Waldtiere schon.«

Darf man Orangenschalen in den Wald werfen?
HEINRICH: »Nein, die Schalen von Zitrusfrüchten zersetzen sich sehr langsam und sind zudem mit Chemikalien behandelt, sodass der Abbau zu Kompost verzögert wird.«

Grillen und Feuermachen, wo ist es verboten/erlaubt?
Heinrich: »Das ist im Wald nur auf einer von den Forstbehörden genehmigten Feuerstelle erlaubt. Jedes sonstige Feuer im Wald oder innerhalb eines 100-Meter-Abstands zum Wald ist verboten bzw. bedarf einer Genehmigung. In der freien Landschaft, das heißt außerhalb des 100-Meter-Abstands, muss ein Feuer vom Grundeigentümer genehmigt werden.«

Darf man Tauben in der Stadt oder Enten im Teich füttern?
Heinrich: »Lieber nicht. Die Stadttauben können auch ohne Zufüttern überleben. Das Füttern von Enten an Teichen verursacht einen übermäßigen Nährstoffeintrag, der das Gewässer verunreinigt. Die Nährstoffe führen zu Fäulnisprozessen und Sauerstoffzehrung im Gewässer – das Gewässer verliert seine Klarheit und kann in heißen Sommern umkippen, das heißt, so lebensfeindlich werden, dass es zum Fischsterben kommt.«

Soll, darf man Vogelfutter im Winter ausstreuen?
Heinrich: »Die Vogelarten, die den Winter bei uns verbringen, sind gut angepasst, man muss sie daher nicht füttern. Man kann es aber tun, sofern es Spaß bereitet und man einige Regeln zum Wohl der Vögel beachtet:

Nur geeignetes Vogelfutter verwenden, die marktüblichen Sorten sind geeignet.

Aus hygienischen Gründen nur bei Minusgraden und geschlossener Schneedecke füttern.

Die Futterstelle regelmäßig reinigen und so einrichten, dass das Futter trocken bleibt, sonst kann es schimmeln und verkeimen. Sie sollte frei stehen, damit Katzen sich nicht unbemerkt anschleichen können.

Die Vögel sollten nicht im Futter herumlaufen können, weil sie es dadurch verkoten und verunreinigen.

Für Körnerfresser wie Finken, Sperlinge und Ammern: Sonnenblumenkerne und Freiland-Futtermischungen.

Für Weichfutterfresser wie Rotkehlchen, Heckenbraunelle, Meisen, Amseln, Zaunkönig: Rosinen, Obst, Haferflocken, Kleie, Meisenknödel.«

Was mache ich mit kleinen Igeln im Herbst?
HEINRICH: »Wenn Igel Mitte November weniger als 500 g wiegen, muss man eingreifen. Aber wirklich auch nur dann, auf keinen Fall aus falsch verstandener Tierliebe mit ins Haus nehmen.

Man sollte den Igel in diesem Fall zu einem Tierarzt bringen oder zu einer Igelstation. Igel trinken keine Milch, sondern Wasser und vertragen auch keine Früchte. Geeignet ist Hunde-Softfutter oder mit sehr wenig Fett gebratenes Hackfleisch und Rührei, natürlich ohne Salz.«

Wie versorge ich aus dem Nest gefallene Vögel?
HEINRICH: »In den meisten Fällen handelt es sich bei solchen scheinbar hilflosen Tieren nicht um Waisen, sondern um fast flugfähige Jungvögel mit relativ vollständigem Gefieder, die auf der Wiese sitzend durch Bettelrufe noch mit ihren Eltern in Verbindung stehen. Auch Eulen verlassen oftmals als halbgroße Jungvögel die zu eng gewordene Brutstätte und sitzen bis zur Flugfähigkeit als ›Ästlinge‹ im bodennahen Strauchwerk. Solange menschliche Beobachter, im Fall der nachtaktiven Eulen noch dazu zur falschen Tageszeit, sich in der Nähe der Jungtiere aufhalten, kehren die Altvögel nicht zu diesen zurück.

Wer einen solchen kräftig wirkenden ›Scheinwaisen‹ findet, sollte ihn am besten in Ruhe lassen oder erforderlichenfalls an einen geschützten Ort, wie etwa eine Hecke, umsetzen. Ob es sich bei den Jungvögeln um wirklich verwaiste und nicht um ›Scheinwaisen‹ handelt, kann man durch längeres (zwei bis drei Stunden), vorsichtiges Beobachten aus einem Versteck erkunden.

Noch nackte Jungvögel sollten möglichst vorsichtig ins Nest zurückgesetzt werden. Vögel stören sich im Gegensatz zu manchen Säugetieren nicht am menschlichen Geruch. Jungvögel werden daher auch nach dem Umsetzen wieder von den Alttieren angenommen und versorgt.

Wirklich verwaiste Vögel ohne Nest bringen Sie am besten in eine Auffangstation. Diese können beim Bund Naturschutz, den Naturschutzbehörden, zoologischen Gärten oder auch bei Tierärzten oder Tierschutzvereinen erfragt werden.

Am ehesten möglich ist für den unerfahrenen Vogelpfleger die Aufzucht junger, nicht mehr nackter Sperlingsvögel, zum Beispiel Amsel, Drossel, Fink, Star und Meise, junge Schwalben, wenn sie nicht ins Nest zurückzusetzen sind, und mit Einschränkungen auch Mauersegler.«

Was mache ich, wenn ich ein Tier mit dem Auto angefahren habe?

HEINRICH: »Sofern es sich um ein Haustier handelt: Tierarzt und Tierbesitzer verständigen. Bei jagdbarem Wild (Reh, Hirsch, Wildschwein, Fuchs, Hase, Dachs): Jagdpächter verständigen, denn ihm ›gehört‹ das Wild; sofern der Jagdpächter nicht bekannt ist, den Förster benachrichtigen. Falls dem Tier noch geholfen werden kann: Tierarzt verständigen.«

Wo muss ich meinen Hund anleinen?

HEINRICH: »In allen innerörtlichen Bereichen mit hohem Besucherverkehr, zum Beispiel Fußgängerzonen, Haupteinkaufsbereiche. In Parks, öffentlichen Garten- und Grünanlagen sowie auf Kinderspielplätzen. Bei öffentlichen Veranstaltungen, Volksfesten und in Schutzgebieten, vor allem Naturschutzgebieten, Nationalparks, im Wald außerhalb der Wege und in tollwutgefährdeten Bezirken.

Im Wald und in der Landschaft muss der Hund auf dem Weg bleiben und immer in Rufnähe des Besitzers sein. Wenn die Gefahr besteht, dass der Hund wild lebenden Tieren nachstellt, dann ist er anzuleinen.«

Wo ist Mountainbike-Fahren verboten, und wie verhalte ich mich dabei naturfreundlich?

HEINRICH: »Sie sollten und müssen wie alle Radfahrer auf den Wegen bleiben. Abseits der Wege können Schäden an der Vegetation auftreten und wild lebende Tiere gestört werden.«

Herzen in Baumrinde schnitzen, ist das okay?

HEINRICH: »Nein. Juristisch betrachtet handelt es sich sogar um Sachbeschädigung. Die Rinde ist der Schutzpanzer des Baums gegen Pilzinfekte. Durch die Rindenverletzung können Pilzerreger in den Baum eindringen und den Baum frühzeitig absterben lassen.«

In den Bergen, am Strand, im Moor: Gibt es da spezielle Regeln für Wanderer?

HEINRICH: »Vor allem in den Bergen und im Moor ist das Gehen abseits der Wege auch mit Gefahren verbunden. Im Wald ist das Verlassen der Wege erlaubt, sofern keine Schutzgebiete vorliegen. Dünen dürfen nicht durchwandert werden, denn der Vertritt kann die schützende Vegetation zerstören und damit den Küstenschutz gefährden.«

Danke, Herr Heinrich, hoffentlich halten sich alle daran!

Unter Freunden

»Jeder lebt in seiner eigenen Welt,
aber meine ist die richtige.«
Lassie Singers, deutsche Pop-Band

Arbeitslose glauben, dass es für sie keine Arbeit gibt, und Karrieremenschen sind der Überzeugung, wer Arbeit will, der findet auch welche. Jeder hält seine Erfahrung für das Normale. »Ich weiß, wie Frauen denken«, sagt Anne, und meint eigentlich sich selbst und ihre Freundinnen, die zufälligerweise alle gleich alt sind, in derselben Branche arbeiten und keine Kinder haben. Frühaufsteher nehmen an, sie seien die Norm, ebenso wie Autobesitzer, Mieter, Raucher, Eltern, Feministinnen, Bücherleser usw. Jeder hält seine eigenen Lebensumstände für repräsentativ. Das trifft auch meistens zu. Denn Juristen kennen viele Juristen, Münsteraner verstehen sich mit anderen Münsteranern, und Lehrerinnen um die 30 tauschen sich mit anderen Lehrerinnen um die 30 über die gleichen Themen aus.

Stoßen jedoch zwei unterschiedliche Welten aufeinander, kommt es zu Konflikten. Die üblichen Verdächtigen Raucher/Nichtraucher, Autofahrer/Radfahrer, Rechte/Linke sind kampferprobt, ihre Positionen bekannt und vorhersehbar. Schwieriger wird es bei vage definierten persönlichen Eigenschaften wie Sparsamkeit/Großzügigkeit, Ordnung/Unordnung, Spontaneität/Vorausplanung. Und weil es keine unbekannten Territorien sind, wo sich der Zusammenprall der Kulturen abspielt, sondern der eigene Freundeskreis, machen wir auf einmal hautnah Bekanntschaft mit anderen Gewohnheiten. Müssen in aller Herrgottsfrühe aufstehen. Müssen hungern, weil das Essen so spät auf den Tisch kommt. Katzen im Bett und Kindergebrüll in den Ohren ertragen. Auf eine Zigarette verzichten. Knoblauch essen. Qualm einatmen. Den Fuß vom Gaspedal nehmen. In überheizten Wohnungen schwitzen.

Das muss ich mir nicht bieten lassen! Warum soll ich es ungemütlich haben? Kann der denn nicht das Fenster öffnen? Kann die denn nicht den Kindern sagen, sie sollen endlich ruhig sein? Und wenn ich keinen Knoblauch vertrage? Ich soll alles mitmachen, und die anderen bekommen ihren Willen? Das ist doch unmöglich!

Ja, jetzt geht es ans Eingemachte. Wenn wir Menschen ganz nah an uns heranlassen, müssen wir unsere Werte und Gepflogenheiten – beides ist meist sehr eng miteinander verknüpft – auf den Prüfstand stellen. Es gibt ein Umfeld, in dem Konflikte gelöst werden müssen. Am Arbeitsplatz, in der Ehe. Dort muss ein Ausgleich der Interessen stattfinden, denn Ehe und Arbeitsplatz sind Dauereinrichtungen. Auch von Freunden müssen grobe Verfehlungen, richtig schlechtes Benehmen, das völlig aus dem Rahmen fällt, nicht bis in alle Ewigkeit ertragen werden. Da soll man sich wehren. Selbst wenn die Freundschaft dann vorbei ist.

Bei Kleinigkeiten hingegen bleiben Freunde einfach cool. Der Nichtraucher in der rauchenden Diskussionsrunde. Die Pünktliche, die auf die Unpünktliche wartet. Wir stellen uns auf den anderen ein. Stehen halt mal früher auf und verbergen unsere schlechte Laune am Morgen. Essen auch mal später zu Abend, ignorieren die Unordnung, die bellenden Hunde, die laute Musik. Sind tolerant. Auch wenn es wehtut.

Wir ziehen dabei kein Gesicht oder machen eine abfällige Bemerkung. Denn, und das ist die philosophische Essenz der Höflichkeit, ein wahrer Gentleman und eine echte Lady lassen es sich nicht anmerken, wenn sie auf die Eigenheiten anderer Rücksicht nehmen. Wir schauen aber auch nicht selbstzufrieden und blasiert auf den anderen herab. Denn Toleranz sollte nicht zu majestätisch daherkommen.

Freundschaftspflege

Freundschaften müssen gepflegt werden. Männer und Frauen haben da ihre eigene Art. Freundinnen telefonieren öfter miteinander und halten regelmäßigen Kontakt. Männern reicht oft die Gewissheit, da ist ein Freund, auch wenn sie sich monate- oder gar jahrelang nicht sehen.

Paare sollten die Freunde und Freundinnen des Partners nicht in die Flucht schlagen. Auch mit Exgeliebten ist ein normaler Umgang möglich. Bei direkten Vorgängern ist vielleicht eine kleine Pause angebracht, aber wer nach zwei Jahren immer noch eifersüchtig auf die oder den Ex ist, mit dem stimmt etwas nicht. Expartner sind meist harmlos – das Kapitel Sex ist abgeschlossen, man will sich nur locker unterhalten.

Mit dem Alter gewinnen wir seltener neue Freunde, deshalb sollten wir uns um die alten Kumpel und besten Freundinnen kümmern. Kontakt halten. Zusammen einen trinken gehen. Zum Essen einladen. Eine Postkarte schreiben. Und vor allem: nachsichtig sein! Sie ist dauernd unpünktlich? Er meldet sich nie von sich aus? Sie redet nur von ihrem Kind? Er fragt nie, wie es mir geht? Sie sagt ständig in letzter Minute ab? Er trinkt immer ein Glas zu viel? Das alles sind eindeutige Nachteile, aber wir können sie in Kauf nehmen für eine alte Freundschaft. Sie müssen sich ja nicht jede Woche mit diesem umständlichen, egoistischen Menschen treffen, sondern nur dann, wenn Sie Lust haben und ihn aushalten können. Schauen Sie auf die Vorteile, die die Freundschaft bietet, und ertragen Sie die Nachteile. In Maßen.

Kräche? Wutanfälle? Die beste Freundin hat mit meinem Mann ...? Nicht zurückgezahltes Geld? Selbst das kann verjähren. Natürlich muss nicht jede Freundschaft aufrechterhalten werden, nicht alle Menschen bessern sich, und wir müssen uns nicht für eine Diva, einen arroganten Schnösel aufopfern. Aber wer nicht verzeihen, ein Auge zudrücken kann, steht am Ende ohne Freunde da.

Rechnen Sie nicht auf: Ich habe dich letztes Jahr für zwanzig Euro zum Essen eingeladen. Du musst dich noch an den Fahrtkosten zum Badesee beteiligen. Du hast dich nicht für die Blumen bedankt. Falls Sie an einen echten Schnorrer geraten, behalten Sie Ihr Geld bei sich. Bezahlen Sie nicht einfach das Taxi in der Erwartung, dass er sich revanchiert. So fordern Sie die Enttäuschung geradezu heraus und sind eigentlich selbst schuld, weil Sie den Pappenheimer ja kennen. Seien Sie großzügig, was die Balance zwischen Geben und Nehmen betrifft. Zahlen Sie das Bier, und lachen Sie über seine Witze. Laden Sie ihn zum Essen ein, und erzählen Sie dafür stundenlang von Ihren Eheproblemen. Unter dem Strich kommt jede Seite auf ihre Kosten. Vielleicht investieren Sie mehr in Erwin, dafür haben Sie emotionale Schulden bei der langweiligen Elvira. Außerdem sieht Erwin gut aus und kennt interessante Leute. Dafür lässt es sich ertragen, dass er nur dann anruft, wenn er etwas von Ihnen will.

Unter Freunden tabu

✗ Machen Sie keine Geschäfte mit Freunden. Oder regeln Sie vorher alles ganz genau. Was passiert, wenn das Projekt scheitert, das gemeinsame Geschäftsauto bei einer Privatfahrt im Straßengraben landet? Wie viel Arbeit/Zeit muss jeder investieren? Wie werden Schulden und Gewinne aufgeteilt? Welche Freunde bekommen etwas umsonst?

✗ Verleihen Sie nichts, auf das Sie nicht verzichten können: CDs, Bücher, Fahrräder, Geld.

Geld, Geiz und Großzügigkeit

Beim Geld hört die Freundschaft auf. Unversöhnlich stehen sich die Sparsamen und die Verschwender gegenüber. Die einen haben jedes Mal in der Kneipe ihr Portemonnaie vergessen, während andere nicht anders können, als die gesamte Runde einzuladen. Manche rechnen für jeden Ausflug das Benzingeld auf 10 Cent ab und leiden Höllenqualen, wenn beim gemeinsamen Restaurantbesuch einer vorschlägt, die Rechnung durch die Anzahl der Anwesenden zu teilen, obwohl sie selbst extra keine Vorspeise bestellt hatten. Einige geben ihr Geld für Auto und Haus aus, andere gehen dafür essen und kaufen Schuhe. Der eine möchte vor Scham in den Erdboden versinken, wenn der andere kein Trinkgeld oder, schlimmer noch, nur 20 Cent gibt. Manche überhäufen einen mit viel zu wertvollen Geschenken, und wieder andere können nichts annehmen, weil sie sich dann verpflichtet fühlen. Es gibt Schnorrer, die immer die Zigaretten wegrauchen. Anderen tut es in der Seele weh, mit dem Taxi zu fahren, selbst wenn sie es nicht bezahlen. Mancher hat ein Elefantengedächtnis über jede gezahlte Summe, andere fühlen sich durch ein Dankeschön entlohnt. Die einen führen keine Ferngespräche, nehmen jedes Schnäppchen mit, auch wenn sie es gar nicht brauchen, und wundern sich, wenn die Preise seit 1960 gestiegen sind. Einige verstecken sich im Sommer, weil die Nachbarn nicht wissen sollen, dass man sich keinen Urlaub leisten kann. Andere müssen jede Woche viermal shoppen gehen und bringen am nächsten Tag alles wieder zurück. Einige kaufen nur Lebensmittel mit abgelaufenem Haltbarkeitsdatum zum halben Preis bei Aldi, bei Kleidung hingegen müssen es die teuersten Labels sein, und ein Hemd erhält erst durch einen Designernamen seine Existenzberechtigung.

Geld ist eine wichtige, für viele die wichtigste Verbindung zur Wirklichkeit. Es ist konkret. Schwarz auf weiß steht es auf dem Kontoauszug. Soll und Haben kann die Maßeinheit von Beziehungen sein. Die meisten Menschen, auch die Verschwender, haben ein Aufrechnungsmodul im Gehirn. Allerdings ist die Währung bei jedem anders. Markus sieht seine Ausgaben als gigantisch an und zählt nicht, was er zurückbekommt. Für Monika gelten nur bestimmte Summen, der Rest fällt unter den Begriff Freundschaft. Manche fühlen sich von allen ausgenutzt, obwohl das gar nicht stimmt.

Großzügigkeit ist eine Frage des Lebensstils und ein Gebot von Höflichkeit. Aber auch in diesem Punkt müssen wir akzeptieren, dass andere nicht so sind wie wir. Die Großzügigen sollten Rücksicht nehmen auf die, denen Verschwendung schmerzt. Deren Atem stockt, wenn sie 10 Euro mehr zahlen müssen. Die sich nicht einladen lassen wollen, die Geschenke als Verpflichtung, ja gar als Bestechung verstehen. Wir sollten die Geizigen nicht allzu sehr quälen. Dann wird eben genau ab- und aufgerechnet. Dann fahren wir halt Straßenbahn und nicht Taxi. Gehen statt zum Franzosen zusammen zum Italiener. Sitzen im Theater zur Abwechslung auf den billigen Plätzen. In einer Freundschaft kann man das schon mal mitmachen. Da kann man als Freund großzügig sein.

Gast & Gastgeber

»Man soll sich aber hüten, sowohl sich denen aufzudrängen, diejenigen zu überlaufen, die, wenn sie mit uns unter einem Dache wohnen, uns nicht ausweichen können, als auch besonders ihre Handlungen auszuspähen, uns in ihre häuslichen Angelegenheiten zu mischen, ihren Schritten, die uns nichts angehen, nachzuspüren, und kleine missfällige Dinge, die wir an ihnen bemerken, unter die Leute zu bringen.«

Adolph Freiherr von Knigge: »Über den Umgang mit Menschen«

Das Verhältnis zwischen Gast und Gastgeber ist vermutlich das älteste von allen höflichen Ritualen. Früher, zu Zeiten der Menschenfresser und Kopfjäger, zeigten sich Besucher die leeren Handflächen, um die friedliche Absicht zu signalisieren: Seht, ich habe keine Axt bei mir. Heutzutage ist der Besuch anderer Haushalte etwas weniger riskant, trotzdem sind viele gehemmt und unsicher. Fühlen sich wie in einem Labyrinth aus Fettnäpfchen und Peinlichkeitsfallen, in die sie vor Scham zu versinken drohen.

Ungefährlich, aber unübersichtlich ist unsere Gesellschaft geworden. Bei Hofe gelten andere Regeln als beim chinesischen Bankett, in Studenten-WGs, bei den Schwiegereltern, auf Bauernhochzeiten, Filmpremieren oder beim Besuch von Klassenkameraden, die man Jahre nicht mehr gesehen hat.

Rituale und ein festes Programm helfen bei Hochzeiten, Beerdigungen und zu Weihnachten den teilweise unvermeidlichen, unangenehmen, umständlichen, auf jeden Fall aber äußerst emotionalen Anlass zu bewältigen. Bei lockeren Partys und anderen zwanglosen Begegnungen reichen in der Regel Aufmerksamkeit und Laisser-faire. Gäste freuen sich über zuvorkommende Behandlung, wenn die Aufmerksamkeitsschraubzwingen nicht zu fest gezogen sind. Andererseits möchte sich ein Hausgast nicht wie in einem unwirtlichen Himalaja-Camp fühlen, wo die Konservendosen über dem Feuerzeug erhitzt werden müssen.

Einladungen

Bei Hochzeiten, Banketts, Empfängen und anderen feierlichen Anlässen erhält oder verschickt man zwei oder drei Wochen vorher eine schriftliche Einladung. Oft steht unten »u. A. w. g.«: um Antwort wird gebeten. Geben Sie möglichst am selben oder nächsten Tag Bescheid, ob Sie, und eventuell in Begleitung, erscheinen werden. Und halten Sie sich daran. Nur der Tod ist dann noch eine Ausrede. Manchmal erwartet der Gastgeber Abendgarderobe, was in der Regel auf der Einladung vermerkt ist. Auch daran sollten Sie sich halten.

- Zu Essenseinladungen bitte pünktlich erscheinen, das heißt, 10 bis 20 Minuten nach dem verabredeten Zeitpunkt klingeln. Planen Sie die längere Parkplatzsuche in Wohngegenden am Abend mit ein. Kommen Sie auf keinen Fall zu früh, denn noch ist der Koch im Stress, und die Gastgeberin schminkt sich gerade.

- Sie sind für mitgebrachte Gäste verantwortlich. Sollte sich Ihre Begleitung danebenbenehmen, müssen Sie sie zur Räson bringen und zur Not abtransportieren.

- Nicht alle mögen es, wenn man sich die Bücher im Regal anschaut bzw. die CD-Sammlung durchwühlt.
- Machen Sie Komplimente über die Wohnung. Bewundern Sie die Bilder an der Wand.
- Einige Zimmer sind tabu (das heißt: nicht aufgeräumt). Schnüffeln Sie nicht in fremden Schreibtischen, Badeschränken oder Computern herum.
- Stören Sie den Koch nicht in der Küche. Loben Sie das Essen. Würzen Sie nicht gleich nach, das könnte den Koch beleidigen.
- Siezen sich alle Gäste, sollte man vor Mitternacht gehen.
- Eine wichtige, leider viel zu selten beherzigte Regel lautet: Am nächsten Tag anrufen und sich für den gelungenen Abend bedanken.

Was bringe ich mit?

Mitbringsel sind eine freundliche Geste, die aber unter Freunden nicht zum Zwang ausarten sollte. Falls Sie Blumen für die Gastgeberin mitbringen, bitte ausgewickelt und in ungerader Zahl. Bei mehr als zehn Blumen ist die Anzahl jedoch egal. Für Gartenbesitzer ist vielleicht ein anderes Geschenk angebracht. Doch Vorsicht bei Pralinen, das könnte ein Anschlag auf eine Diät sein.

Missionieren Sie nicht mit dem Mitbringsel, es soll dem Beschenkten gefallen und nicht Ihnen. Leider fallen etwa die Hälfte der Geschenke unter die Kategorie »unpassend«. Dazu zählen Werbegeschenke, gebrauchte oder arg prosaische Gegenstände wie Öleinfüllstutzen, Türstopper, Suppengrün. CDs und Bücher erfüllen den Zweck – jedoch nicht, wenn es romantisch sein soll. Taschenbücher sind nur bei saloppem

Umgang erlaubt. Vorsicht bei Geschenken, bei denen der Beschenkte Hintergedanken vermuten könnte. Zum Beispiel Antifalten-Cremes oder Kosmetika für die Frau/den Mann ab 40 – in die Realität übersetzt heißt das: für Menschen ab 50. Und so alt will man nun wirklich nicht sein (oder zumindest nicht daran erinnert werden). Ein Deodorant oder das Buch »Wie ich mich bei einem guten Freund entschuldige« könnte leicht als persönliche Kritik aufgefasst werden.

Pflanzen sind ein sehr verpflichtendes Geschenk: »Und wie geht es der empfindlichen Zimmerpalme, die ich dir vor drei Jahren mitgebracht habe?«

Bei dem beliebten Spiel »Pärchen laden Pärchen ein und bringen eine Flasche Wein« erkundigen Sie sich, ob Weißwein oder Rotwein zum Essen passt.

Für Geschenke zu Weihnachten, zum Geburtstag, zur Hochzeit etc., die man nicht in Anwesenheit des Schenkenden auspackt, bedanken Sie sich bitte. Auch Kinder sollten den netten Onkel und die nette Tante anrufen und sagen, wie schön sie das Buch, das Mikroskop, den Pullover finden.

Gastgeberpflichten

Informieren Sie Ihre Gäste, ob es etwas zu essen gibt. Wenn Sie für 18 Uhr zu Besuch bitten, haben ein paar vielleicht gegen einen knurrenden Magen vorgesorgt, andere sind hungrig. Um 20 Uhr erwarten die meisten etwas zu knabbern. Bei Partys ab 22 Uhr rechnet niemand mit einem Büfett; wenn Sie eines vorbereiten, sagen Sie den Gästen vorher Bescheid.

Erkundigen Sie sich, was die Gäste nicht mögen: Knoblauch, Koriander, Fleisch, Fisch, Milchprodukte (10 Prozent der Bevölkerung vertragen keinen Milchzucker, also keine Milch, Käse oder Joghurtsaucen).

Sorgen Sie für Platz in der Garderobe. Traditionell ist es Sache des Hausherrn, nicht der Gastgeberin, den Tür- und Garderobendienst zu übernehmen, in Mäntel zu helfen, Taxis zu rufen. Inzwischen ist die Rollenverteilung aber nicht mehr so streng – Hauptsache einer kümmert sich darum.

Halten Sie Vasen für Blumen bereit, sorgen Sie für passende Musik, schaffen Sie mit Kerzen und Kissen eine angenehme Atmosphäre.

Stellen Sie die Gäste mit Namen, Beruf oder Interessen vor. Ein Begrüßungstrunk, Prosecco, Sekt oder Martini, lockert die Runde auf.

Gastgeber sollten nicht nur mit Kochen und Servieren beschäftigt sein, sondern sich auch mit ihren Gästen unterhalten. Bereiten Sie deshalb nichts zu Kompliziertes zu, und wagen Sie keine Experimente mit selbst gemachten Ravioli oder Kartoffelklößen, die sich im Wasser auflösen, Soufflés, die zusammenstürzen oder gar nicht aufgehen, und Braten, der noch nach drei Stunden nicht mürbe ist.

Servieren Sie das Essen zur allgemeinen Hauptessenszeit, also zwischen 19 Uhr und 20.30 Uhr. Eltern mit kleinen Kindern essen in der Regel früher, Selbstständige später. Dauert es länger, bis die Hauptspeise auf den Tisch kommt, halten Sie eine Vorspeise parat.

Achten Sie darauf, dass alle Gäste ins Gespräch einbezogen werden. Stellen Sie dem schweigsamen Gesellen ein paar Fragen. Die wahre Kunst eines Gastgebers ist es, dafür zu sorgen, dass sich alle gut unterhalten, jeder einmal mit seiner Story glänzen darf und die Zuhörer sich nicht langweilen.

Grundsätzlich ist der Gastgeber für die Regie verantwortlich: das heißt servieren, nachlegen, nachschenken, lüften, Musik auswählen, Kaffee kochen. Gern kann er Aufgaben delegieren oder freigeben: »Bedient euch« und »Machst du bitte die Flasche auf?« Aber er oder sie muss es sagen und darf es nicht einfach erwarten.

Gastgeber schauen nicht zu tief ins Glas und hängen dann hilflos lallend in einer Ecke. Denn sie sind die Zeremonienmeister, kümmern sich um Einsame und Betrunkene, um Kopfschmerzen und Durst.

Gemütlichkeit ist wichtiger als Ordnung. Lassen Sie lieber etwas auf dem Tisch stehen, und rennen Sie nicht alle fünf Minuten in die Küche. Leeren Sie auch nicht dauernd Aschenbecher aus, spülen Gläser oder widmen sich nur dem Grill – die Gäste wollen sich mit Ihnen amüsieren.

Für den späteren Abend Süßigkeiten, Käse oder Mitternachtssuppe in petto haben.

Wenn der Alkohol zu Ende ist, ist auch die Party zu Ende.

Tischordnung

Auch bei zwanglosen Einladungen kann eine Tischordnung zum Gelingen des Abends beitragen. Ehrengäste oder Gastgeber sitzen am Kopf des Tisches. Ist der Gastgeber mit Servieren beschäftigt und muss manchmal in die Küche rennen, sollte er oder sie einen günstigen Startplatz haben und sich nicht jedes Mal durchdrängeln müssen.

Generell gilt »bunte Reihe«, also Frauen und Männer abwechselnd, Pärchen nicht nebeneinander. Nachbarn sollten zueinander passen, helfen Sie, gemeinsame Themen zu finden: »Frau Minetti reitet auch« oder »Georg würde am liebsten die Bundeswehr abschaffen.«

Übernachtungen von oder bei Freunden

»Besuch und Fisch fängt nach drei Tagen an zu stinken« heißt ein altes Sprichwort. Zumindest was den Besuch angeht, ist etwas Wahres dran.

Überziehen Sie das Bett frisch, also nicht nur Bettwäsche

hinlegen, und halten Sie zwei Handtücher für den Gast bereit. (Gäste ziehen übrigens das Bett nicht ab, wenn sie wieder ausziehen.) Räumen Sie das Bad auf, damit der Gast Platz für seine Utensilien hat. Als Gast sollten Sie versuchen, mit möglichst wenig Platz auszukommen. Es gibt praktische Reisewaschtaschen zum Aufhängen und Einrollen mit vielen Abteilungen für Zahnbürste, Deo, Kosmetika.

Gäste halten sich an die üblichen Essenszeiten ihrer Gastgeber. Als Gastgeber erklären Sie dem Gast, wie man bei Ihnen Kaffee oder Tee kocht. Der Gast hilft dem Gastgeber beim Abräumen, aber man sollte es auch nicht übertreiben, das könnte lästig sein. In fremden Küchen zu kochen ist meist schwierig, und der Bekochte muss dauernd Löffel, Essig und Schüsseln für den Koch suchen. Eine Flasche Wein oder eine Einladung ins Restaurant kommt als Dankeschön besser an.

Geben Sie dem Gast einen Hausschlüssel. Klären Sie, welche Zeit sie gemeinsam verbringen wollen und wann jeder machen kann, was er will. Nichts ist schlimmer als Gast und Gastgeber, die steif nebeneinander sitzen, sich nichts zu sagen haben und dringend etwas erledigen müssen.

Nutzen Sie die Gastfreundlichkeit Ihres Gastgebers nicht nur zum Zweck einer kostenlosen Übernachtungsmöglichkeit. Wer in attraktiven Orten wohnt (New York, Gardasee), reagiert darauf allergisch.

Zu Besuch bei den künftigen Schwiegereltern

Wenn Sie den Eltern Ihrer Freundin oder Ihres Verlobten vorgestellt werden, sind Sie vermutlich ziemlich nervös. Die Beziehung geht in ein neues Stadium über, und Sie wollen natürlich einen guten Eindruck machen. Seien Sie darauf gefasst, von Kopf bis Fuß gemustert zu werden. Also gepflegte Erscheinung und Blumen mitbringen. Achten Sie auf die kleinen Zeichen Ihres Partners: Schuhe ausziehen, auf diesem Stuhl sitzt immer Papa. Vermeiden Sie das Duzen (aber auch das Siezen kann falsch sein!), bis Mama und Papa Ihnen das Du anbieten. Nicht zu steif wirken. Bei aller Vorsicht herzlich sein.

Gehen Sie in Gegenwart der zukünftigen Schwiegereltern mit Ihrem Partner liebevoll um, vermeiden Sie jedoch demonstrative Zärtlichkeiten. Manche Eltern sind gerührt, wenn Sie sehen, dass ihr Sohn/ihre Tochter glücklich verliebt ist. Bei anderen regt sich Eifersucht: »Was erlaubt sich der mit meiner Tochter?«

Eltern wollen ihr Kind in guten Händen wissen. Der zukünftige Partner soll zuverlässig sein, einen guten Beruf haben, sich zu benehmen wissen. Halten Sie sich vorerst beim Alkohol zurück. Bieten Sie Ihre Hilfe im Haushalt an (Zwiebeln schneiden, Laub zusammenrechen). Allerdings nicht gleich übertreiben und als Erbschleicher auftreten. Der Satz »Ich habe schon so viel über euch gehört« kann wie eine Drohung klingen oder ein Kompliment sein – in jedem Fall lockert er die Stimmung.

Bei einem Besuch der zukünftigen Schwiegereltern werden Sie auch einiges über Ihren Partner erfahren: So sah also sein Kinderzimmer aus. Die Art zu reden hat sie von ihrer Mutter. Er ignoriert lästige Fragen wie sein Vater. Seien Sie aber vorsichtig, wenn Sie sich über diese Eigenheiten lustig machen. Humorvolle Selbsterkenntnis ist nicht weit verbreitet.

Verkrampfen Sie aber auch nicht. Die Situation ist für alle Beteiligten ungewohnt, und einer sollte das Eis brechen. Warum nicht Sie? Machen Sie Schwiegermama in spe ein Kompliment (»Schöner Pullover!«), zeigen Sie sich von Schwiegerpapa in spe beeindruckt (»Das hätte ich jetzt nicht hingekriegt.«). Interessieren Sie sich für die Berufe Ihrer möglichen Schwiegereltern. Fragen Sie nach deren Freizeitaktivitäten.

Oder danach, welche Medikamente sie nehmen. Manche Menschen reden gern über ihre Krankheiten.

Unterwerfen Sie sich den Gepflogenheiten des Hauses, falten Sie beim Tischgebet die Hände, trinken Sie einen Schnaps mit, aber kapitulieren Sie nicht vollends. Sie müssen nicht laut mitbeten, und den zweiten Schnaps dürfen Sie ablehnen. Heucheln Sie im Gespräch keine Zustimmung, sondern erzählen Sie dosiert von der eigenen, etwas anderen Lebensweise: »Ich esse kein Fleisch.« »Wir haben keinen Bausparvertrag.« »Die Todesstrafe lehne ich ab.« Bei politischen Diskussionen kann man durchaus eine Mauer bauen, aber nur eine kleine, über die man noch hinübersehen kann. Zur Not hilft meist ein »Jeder nach seiner Fasson«. Bei Peinlichkeiten schnell das Thema wechseln. Exfreunde und Exfreundinnen sowie Sex sind keine guten Themen.

Sitzen Sie nicht nur im Haus herum, Spaziergänge sorgen für Entspannung. Wenn Sie das Wochenende bei den zukünftigen Schwiegereltern verbringen, sollten Sie auch einmal einen Spaziergang allein mit dem Partner machen. Die Eltern wollen nämlich genau dasselbe tun wie Sie: sich in Ruhe über den zukünftigen Schwiegersohn/die zukünftige Schwiegertochter unterhalten.

Den größten Stress hat meist der Partner, um dessen Eltern es sich handelt. Er oder sie muss zwischen den Parteien vermitteln, Missverständnisse aufklären, unterschiedliche Ansichten arrangieren. Sie oder er hat Angst, sich für eine Seite entschuldigen zu müssen oder dass sich irgendwer danebenbenimmt. Wirken Sie deshalb beruhigend ein: »Deine Eltern sind doch ganz nett, meine sind viel schlimmer. Außerdem lerne ich eine Menge über dich. Du bist ganz wie deine Mama.«

»Sag das nicht! Alles, nur das nicht!«

Zu Besuch in der Wohnung der Kinder

Ihre Kinder sind von zu Hause ausgezogen und führen ein eigenständiges Leben. Vermutlich unterscheidet sich deren Lebensstil ein klein wenig von Ihrem. Wie, keine Teppiche und keine Gardinen? Diese 50er-Jahre-Lampen habe ich doch vor 20 Jahren auf den Müll geworfen? So teure Lebensmittel, aber keine Tiefkühltruhe? In jedem Zimmer ein Computer, aber kein Auto?

Lassen Sie es sich nicht anmerken, dass Sie getroffen sind und plötzlich als unmodern gelten. »Mama, ich mag keine Spannbetttücher!«

»Wieso denn nicht? Die hatten wir doch immer, und sie sind so praktisch.«

»Aber sie sind uncool!«

Lassen Sie den Kindern ihre eigene Welt. Schlucken Sie Kritik runter, mäkeln Sie nicht herum. Wie war das denn früher bei Ihnen? Haben Ihre Eltern nicht auch über das Ikea-Regal im Wohnzimmer die Nase gerümpft?

Schenken Sie den Kindern nichts aus Ihrer Welt. Wenn die Tochter keine Lust hat, den Kochlöffel zu schwingen, keine Pfannen mitbringen. Erkundigen Sie sich, ob der Sohn Federbetten mag oder eine Bohrmaschine braucht. Besonders bei Bildern, Vasen, Gardinen und anderer Deko treffen Eltern selten den Geschmack der Kinder. Denn, um ehrlich zu sein, die nächste Generation ist ästhetisch und wohnungstechnisch komplett irre. Nur dummerweise meinen sie dasselbe von Ihrer Generation.

Sagen Sie Ihren Kindern rechtzeitig Bescheid, an welchem Tag Sie zu Besuch kommen wollen, und fragen Sie, ob der Termin passt. Verhalten Sie sich in der Wohnung Ihrer Kinder wie ein Besucher. Klopfen Sie an verschlossene Türen, öffnen Sie keine Schränke und Schubladen, respektieren Sie die Privatsphäre, fangen Sie nicht ungefragt an zu putzen, zu kochen oder zu handwerken. Zupfen Sie nicht an der Kleidung der jungen Menschen herum.

Erzählen Sie nicht im Kreise der Freunde und Kollegen Ihrer Kinder, wie süß Ihr Kleiner mit seinem Teddy war und wie Ihre Kleine statt »Zitronenfalter« »Zittonen-Vati« sagte. Bei Kindheitserinnerungen verdrehen die Sprösslinge die Augen himmelwärts.

Als Hotelgast

Das erste Mal allein in einem Hotel abzusteigen ist eine aufregende Sache. Die große Hotelhalle macht befangen, man muss mit Portiers und Pagen zurechtkommen. Wenn Sie nicht reserviert haben, erkundigen Sie sich an der Rezeption nach einem Zimmer und wie viel es kostet. Bei preiswerten Hotels lassen Sie sich das Zimmer zeigen, schauen kurz ins Bad und aus dem Fenster. Fragen Sie eventuell nach einem Zimmer mit besserem Ausblick oder französischem Bett. Beabsichtigen Sie, länger als eine Nacht zu bleiben, ist man Ihnen gewogener.

- Der Kofferträger bekommt Trinkgeld; circa zwei Euro/Dollar in Europa/Nordamerika, also passend bereithalten. In ärmeren Ländern gibt man den Preis für eine Cola.

- Räumen Sie Ihre Kleidung in den Schrank. Bessere Hotels bügeln die Hemden auf.

- Die besten Hotels führen immer ein sehr gutes Restaurant, bei preiswerteren Mittelklassehotels findet man für weniger Geld meist außerhalb ein besseres. Restaurantempfehlungen durch das Hotelpersonal sind mit Vorsicht zu genießen.

- Telefon und Minibar im Hotelzimmer sind generell sehr teuer.

- Stecken Sie eine Visitenkarte des Hotels ein, dann finden Sie immer zurück.
- Bei einem längeren Aufenthalt als eine Nacht hinterlassen Menschen mit Stil bei der Abreise auf dem Nachttisch oder dem Kopfkissen Trinkgeld für das Zimmermädchen: einen Euro pro Nacht.
- Fragen Sie, ob Sie später auschecken oder die Koffer noch ein paar Stunden im Gepäckraum lassen können.
- Hinterlassen Sie nur gemäßigte Unordnung. Müll in den Mülleimer; Kondome entsorgen, aber nicht in die Toilette werfen, sondern in die Hygienebeutel für Tampons etc. Das Bett brauchen Sie nicht abzuziehen.

Als Hochzeitsgast

Wie die Zeit vergeht! Gerade waren wir noch jung, da heiraten die ersten Freunde schon. Eine Hochzeit ist eine Mischung aus traditionellem Regelwerk und fröhlichem Fest. Mal ist das Ritual steifer, mal die Party ausgelassener.

Erkundigen Sie sich im Vorhinein, welche Geschenke sich das Brautpaar wünscht. Oft gibt es eine Geschenkliste oder einen Hochzeitstisch in einem Geschäft, der mit Sachen bestückt ist, die das Paar gern hätte. Haushaltsgegenstände sind ein beliebter Standard, sollten allerdings den Geschmack und die Bedürfnisse treffen – acht Espressomaschinen braucht niemand.

Für die Hauptpersonen bedeutet die Hochzeit in erster Linie Stress. Bieten Sie deshalb rechtzeitig Hilfe an. Können Sie einen Onkel in Ihrem Auto mitnehmen? Soll ich vorausfahren, damit die Ortsunkundigen mir folgen können?

Da die eigentlichen Gastgeber, um die sich alles dreht, meist komplett ausfallen, können Sie im Hintergrund die

Rolle des Gesellschafters übernehmen. Bei Hochzeiten treffen verschiedene Gruppen aufeinander, die sich untereinander nicht kennen. Zwei Freundeskreise, zwei Familien, darunter einige weit entfernte Kusinen und Klassenkameraden, die die Gelegenheit nutzen, nach all den Jahren den Kontakt wieder aufzunehmen. Alle sind guter Dinge, doch auch ein wenig gehemmt und freuen sich, wenn jemand die Initiative ergreift und sich vorstellt. Oder den verloren wirkenden jungen Mann mit in die Runde zieht. Sorgen Sie dafür, dass der lustigen Tante der Alkohol nicht ausgeht. Reden Sie mit den Tischnachbarn rechts und links.

Übertreiben Sie die Rolle des Gastgebers aber nicht: Sektgläser verteilen und zum Büfett auffordern, das ist nicht Ihre Aufgabe. Geschirr abräumen auch nicht – außer es ist vorher abgemacht bzw. Sie helfen dem abräumenden Brautpaar (auf ihrer Hochzeit sollten die frisch Vermählten jedoch nicht arbeiten müssen!). Meist hat die Braut eine feste Regie im Kopf. Helfen Sie also dort, wo es nötig ist, aber ändern Sie nicht die Abfolge. Sind schon genügend Helfer da, amüsieren Sie sich, denn dazu hat man Sie ja eingeladen.

Theateraufführungen, Sketche, Gesangseinlagen sind zwar gut gemeint, dauern allerdings meist ewig und kaum einer will mitmachen. Einen Fünf-Minuten-Auftritt kann man eventuell ertragen, aber 18 selbst verfasste Balladen der Gäste töten jede Stimmung.

Kleiden Sie sich nicht schicker als Braut oder Bräutigam. Andererseits sollte Ihr Outfit auch nicht aus dem festlichen Rahmen fallen. Hochzeiten sind neben Pferderennen eine der ganz wenigen Gelegenheiten für die Damen, Hut zu tragen. Das sollte man sich nicht entgehen lassen.

Gastgeber einer Hochzeit

Traditionell richtet der Brautvater das Fest aus und bezahlt. Meist lässt es sich jedoch die Braut nicht nehmen, die Organisation ihres großen Tages zu übernehmen, und sie hat den meisten Stress – vorher und während der Feier. Deshalb sollte sie so viel wie möglich in den Tagen zuvor erledigen: Die Haare schon ein oder zwei Tage vorher schneiden lassen und am Hochzeitstag den Friseur nur zum Styling aufsuchen. Unbedingt am Abend vor der Hochzeit die Beine rasieren – blutige Schrammen in weißen Strümpfen machen sich nicht gut.

Übertreiben Sie das Programm für den schönsten Tag des Lebens nicht. Alles wird langsamer ablaufen als in der Theorie. Jeder Ortswechsel dauert bei einer Gesellschaft mindestens doppelt so lange wie bei einem eingespielten Paar.

Halten Sie ausreichend Vasen in verschiedenen Größen bereit, und sorgen Sie für einen Gabentisch. Beauftragen Sie ein Mitglied der Familie oder einen Freund, sich um diesen zu kümmern und auch den Abtransport der Geschenke zu übernehmen.

Die übliche Sitzfolge: Das frisch vermählte Paar sitzt am Kopfende des Tisches. Daneben die jeweiligen Schwiegereltern, also rechts neben der Braut ihr Schwiegervater, seine Tischdame ist die Brautmutter. Links neben dem Bräutigam sitzt dessen Mutter und neben ihr der Brautvater. Gegenüber oder neben der Brautmutter sitzt der Geistliche, der das Tischgebet sprechen kann, wenn das erwünscht ist.

Der Bräutigam sollte sich unauffällig erkundigen bzw. jemand fragen lassen, wer alles eine Rede zu halten beabsichtigt. Den notorischen Dauerredner ans Ende der Liste setzen, wenn alle satt und betrunken sind. Üblicherweise hält der Brautvater nach dem Hauptgang, manchmal auch schon nach der Vorspeise eine Ansprache, eventuell vom Geistlichen durch einen kleinen Schlag gegen das Glas und eine kurze Vorrede eingeführt. Vor dem Hauptgang nur kurz reden, denn da sind alle noch hungrig. Oft fühlen auch andere ein Redebedürfnis, dazu ist vor dem Dessert Gelegenheit. Nach den Worten des Brautvaters stoßen alle an, und die Familien bieten sich, so noch nicht geschehen, das gegenseitige Du an.

Zur Nachspeise und zum Kaffee können die Plätze getauscht werden. Wenn alle ihren Nachtisch gegessen haben, dürfen sich die Raucher eine Zigarette anzünden. Jetzt, wo alle in entspannter Stimmung sind, ist der Moment, die Förmlichkeiten abzulegen und vielleicht das Tanzbein zu schwingen.

Der letzte offizielle Programmpunkt sollte nicht wie eine Drohung über der Nacht hängen. Hochzeitsnächte erweisen sich selten als erotischer Höhepunkt, denn beide sind erschöpft und haben zu viel Alkohol intus. Lassen Sie es gut sein. Doch ein inniger Kuss ist ein Muss!

Bedanken Sie sich in der nächsten Zeit bei den Gästen mit Hochzeitsfotos für die Geschenke.

Zu Besuch bei jungen Eltern

Mit der Geburt des ersten Kindes ändern sich Freundschaften schlagartig. Die frisch gebackenen Eltern sind übernächtigt, verbieten Zigaretten, gehen früh ins Bett, singen alberne Lieder und kaufen im Bioladen ein. Und reden nur noch in Babysprache.

Kinderlosen Freunden bleibt nichts anderes übrig, als diese milde Form des Irrsinns zu akzeptieren. Um die Freunde, die kaum noch aus dem Haus gehen, überhaupt zu sehen, muss man sie jetzt öfter besuchen (»Psst, er schläft schon!«). Bei einigen Themen – der erste Zahn, der aufrechte Gang – müssen Sie sich an die einseitige Rolle des Zuhörers gewöhnen. Versuchen Sie trotzdem, etwas vom Duft der großen weiten Welt in die Babyhöhle hineinzutragen.

Die jungen Eltern sollten auf der anderen Seite nicht komplett in der Babywelt versinken. Schrecken Sie nicht beim leisesten Knacken des Babyfons hoch, räumen Sie die Windelpackungen vom Esstisch, und stellen Sie auch mal die Spieluhr ab. Versuchen Sie, ein Nicht-Baby-Gespräch über fünf Minuten zu führen. Pflegen Sie Ihre alten Freundschaften und nicht nur die mit den anderen jungen Eltern. Wer nur noch seine Krabbelgruppe kennt, wird das später bereuen.

Tischsitten

»Dann geht man in den Speisesaal hinüber und diniert. Hier nun findet die Vorführung des Tafelaufsatzes statt, verbunden mit der erbärmlichen, bourgeoisen, geschmacklosen, schamlosen Aufforderung, zu bewundern und immer wieder zu bewundern. Zwar nennt man nicht den Preis, sagt aber, dass er bei dem und dem Hersteller 80 000 Francs kosten würde. Und jeder muss, die Hand auf der Brust, mit seiner Bewunderung herausrücken und Komplimente machen. Und mag das Kompliment noch so dick aufgetragen worden sein, es ist immer noch nicht genug.«

Aus dem Tagebuch von Edmond und Jules Goncourt

In feinen Restaurants, bei festlichen Banketten und auf großen Empfängen haben viele Menschen grauenhafte Angst, sich zu blamieren. Der Löffel könnte mir herunterfallen. Ich könnte mich bekleckern. Aus dem falschen Glas trinken. Aus Versehen meine Nachbarin anstoßen. Vor mir liegt eine Birne, und ich müsste sie mit Messer und Gabel schälen.

Dabei gibt es bei Tisch vier sehr einfache Regeln:

Regel Nummer eins: Machen Sie genau dasselbe wie der Gastgeber oder der Ehrengast. Er oder sie ist es, der das Mahl eröffnet und zuerst das Glas erhebt. Früher, heute noch am Königshof, läutete der Gastgeber auch das Ende des Mahls ein. Das bedeutet, der arme König muss so lange essen oder so tun, bis der Letzte aufgegessen hat.

Zweite Regel: Halten Sie sich beim Essen gerade und beugen Sie sich nicht dem Besteck entgegen.

Drittens: Nehmen Sie kleine Happen zu sich.

Viertens: Wischen Sie sich vor dem Trinken den Mund mit der Serviette ab.

Wenn Sie sich an diese vier Regeln halten, haben Sie bereits bessere Tischmanieren als 90 Prozent der Menschheit. Und die restlichen 10 Prozent können Sie dann mit dem korrekten Umgang mit Austerngabel, Krebsbesteck und Zuckerzange ausstechen.

Das Frühstück

Ohne Frühstück sollte man nicht in den Tag starten. Vielleicht taumeln wir morgens im Bademantel halb blind zur Kaffeemaschine, stellen mit eingeübten Griffen Geschirr und Speisen auf den Tisch – jetzt sollte besser niemand stören oder eine Tasse herunterfallen. Erst mit dem ersten Schluck Kaffee sind wir zurechnungsfähig, ansprechbar und gesellschaftsfähig. Andere joggen erst einmal eine Runde, duschen, werfen ein Multivitamin-Präparat ein und machen dann Karriere. Wie auch immer man zu Hause frühstückt, im Hotel, am Brunch-Büfett, als Hausgast herrschen andere Sitten.

Marmelade und Honig werden in extra Behälter gefüllt, aus denen man sich mit einem Löffel bedient. Wurst und Käse liegen auf verschiedenen Platten, und man nimmt davon mit einer dreizinkigen Gabel. Butter und Margarine werden im Töpfchen oder in der Butterschale serviert und mit dem normalen Messer angegriffen. Eier werden geklopft, abgeschält und mit einem Horn-, Perlmutt- oder Plastiklöffel gegessen, da Ei auf Metall nicht schmeckt.

Croissants und Hörnchen werden nicht aufgeschnitten, sondern abgebrochen und eventuell mit Butter bestrichen. Ein feiner Herr oder eine feine Dame tunkt nie das Hörnchen in den Kaffee.

Im Hotel streicht sich die Großfamilie keine Stullen oder belegte Brote zum Mitnehmen.

Das Büfett

Büfetts verlocken mit einer Vielfalt an lukullischen Köstlichkeiten. »All you can eat« bedeutet jedoch nicht, gierig über Schüsseln und Platten herzufallen – getreu dem Motto: »Lieber den Magen verrenkt, als dem Wirt was geschenkt.« Stattdessen nehmen Sie gesittet Teller und Besteck und warten in der Reihe.

Büfetts sind wie eine normale Gangfolge aufgebaut: Vorspeise, Suppe, Fisch, Hauptgang, Dessert, Käse. Sie sollten sich daran halten und nur bei sehr großen Stauungen eine Station überspringen. Sie dürfen, ja Sie sollen sogar mehrmals ans Büfett gehen, Shrimp-Cocktail und Vanilleeis müssen auf dem Teller nicht ineinander fließen.

Meist gibt es für Dessert und Käse extra Geschirr. Legen Sie die Auffülllöffel wieder an Ort und Stelle zurück, manschen Sie nicht in der Lasagne, und bewahren Sie den appetitlichen Eindruck der Speisen. Das gebrauchte Geschirr entweder am Esstisch zurücklassen oder zum vorgesehenen Rückgabeort bringen.

Wenn Sie selbst ein Büfett errichten wollen, gehen Sie am besten zu Ihrem Feinkostitaliener/-türken und bestellen eine gemischte Vorspeisenplatte für X Personen zum Preis von Y. Sind Sie dort Stammkunde, kommt ein ordentliches Ergebnis zustande. Die Extras können Sie dann selbst zubereiten. Platzieren Sie Meeresfrüchte, Parmaschinken, Sushi, Kaviar und Quiche hinter den Nudelsalat und die Mixed Pickles, dann wird nicht nur das Besondere gegessen.

Im Restaurant

Nicht von ungefähr finden Rendezvous oft im Restaurant statt, und längere Vertragsverhandlungen werden durch ein Geschäftsessen unterbrochen. Essen dient schließlich nicht allein der Nahrungsaufnahme, sondern ist ein sensibler Vorgang, bei dem sich die Menschen kennen lernen.

- Ausnahmsweise hat im Restaurant der Mann den Vortritt, er bahnt der Dame den Weg.

- Im englischsprachigen Raum, in vielen Hotelrestaurants und auch in einigen anderen Restaurants steht ein Schild: »Wait to be seated.« In diesem Fall sollten Sie auf den Kellner warten, der Sie an einen Tisch führt. Sonst sucht die Dame den Tisch aus.

- Es ist der Herr und nicht der Kellner, der der Dame aus dem Mantel hilft. Jacken und Mäntel gehören nicht über die Stuhllehne. Der Herr rückt den Stuhl der Dame zurecht, wenn sie sich setzt. Und sie verzieht keine Miene, auch wenn sie es albern findet. Der Mann setzt sich so, dass die Frau den besten Blick in das Restaurant oder durch die Panoramascheibe hat.

- Haben Sie sich in einem Restaurant verabredet, darf der zuerst Gekommene in der Zwischenzeit höchstens ein Mineralwasser bestellen.

- Brötchen und andere Backwaren werden nicht aufgeschnitten, sondern in mundgerechten Stücken abgebröckelt und eventuell mit Butter etc. bestrichen. Den Teller bitte nicht wie bei Muttern mit Brot auswischen. Auch keinen Kuchen in den Kaffee tunken. Brot, Butter und Buttermesser werden zusammen mit der Vorspeise weggeräumt.

- Der Kellner reicht die Speisen von links und räumt sie von der anderen Seite ab. Getränke werden von rechts serviert.
- Die Speisen sollten für alle Esser gleichzeitig auf den Tisch kommen, und alle beginnen zur selben Zeit zu essen.
- Der erste Schluck wird gemeinsam getrunken. Jedes Glas mit Stiel wird dort auch angefasst, dann klingt es auch beim Anstoßen. Stoßen Sie mit der oberen Kante an, niemals über Kreuz und immer in die Augen schauen. Nur mit Weißbiergläsern stößt man unten an.
- Beim Einschenken darf die Flasche nie den Glasrand berühren. Das Glas bleibt stehen und wird nicht zum Kellner hochgehalten.
- Geraucht wird erst beim Kaffee. In den Aschenbecher nur Asche ablegen, keine Obstkerne, Kaugummi, Weinkorken oder Alufolie von der Sektflasche. Niemals in Bierflaschen aschen.
- Bitte dem Kellner nicht »helfen« und Teller herumreichen oder einsammeln. Sie sind Gast und nicht Genosse einer solidarischen Erntebrigade in Nicaragua.
- Niemals bettelnde Hunde mit Essensresten und Knochen füttern, denn das hinterlässt eine Riesensauerei auf dem Boden des Restaurants. Das gilt auch im Ausland, selbst wenn die armen Viecher noch so mager sind.
- Frauen fragen meist exakt 20 Sekunden nach dem ersten Blick in die Speisekarte: »Und was nehmt ihr?« Frauen wollen bei Tisch auch immer teilen und probieren. Männer dürfen Nein sagen, und wenn Männer Nein sagen, dann meinen sie Nein. Mein Essen gehört mir.

- Bei einem Essen im Restaurant gibt man 10 Prozent Trinkgeld.
- Bei einem romantischen Essen dürfen Sie keine Rechnung verlangen.

Die Serviette

Wenn Sie an dem für Sie bestimmten Platz sitzen, warten Sie, bis der Gastgeber seine Serviette nimmt. Erst dann dürfen Sie die Ihre auch auf dem Schoß ausbreiten – und nicht in den Ausschnitt stopfen! Tupfen Sie mit der Serviette den Mund vor jedem Schluck ab, andernfalls würden Sie Schlieren am Glas hinterlassen. Deshalb sollten Frauen auch nur sparsam Lippenstift auftragen und möglichst kussfest abpudern.

Benutzen Sie nur eine Seite der Serviette, die saubere Seite sollte immer auf dem Schoß liegen und die Kleidung schützen. Am Ende des Essens legen Sie die Serviette so gefaltet neben den Teller, dass die Flecken innen sind. Falls Sie zwischendurch aufstehen, lassen Sie die Serviette neben dem Teller liegen, nicht auf dem Sitz. Das macht man nur in den USA.

Das Besteck

Gibt es nur einen Gang, liegt das Besteck rechts neben dem Teller, das Messer außen, mit der Schneide zum Teller. Bei mehreren Gängen mit unterschiedlichen Bestecken werden die Messer und der Suppenlöffel rechts platziert (nach regionaler Tradition wird auch mal der Suppenlöffel oben platziert), die Gabeln links und die Dessertlöffel oben. Dabei zeigt der Gabelgriff für das Dessert nach links, der Löffel andersherum. Rechts neben dem Teller sollten nicht mehr als vier Messer aufgereiht sein und links nur drei Gabeln. Wird mehr Besteck benötigt, heißt es nachlegen. Die Besteckreihe ist logisch aufgebaut: Sie arbeiten sich einfach von ganz außen nach innen vor. Mit dem kleinen Brotmesser dürfen Sie nur Butter auftragen, niemals das Brot schneiden – Backwaren werden mit der Hand gebrochen. Kleine und weiche Vorspeisen werden in der Regel nur mit der Gabel gegessen, Brot können Sie als Schieber einsetzen.

Das Messer gehört in die Rechte. Nur in den USA schneidet man zuerst einen Teil des Gerichtes klein, legt dann das Messer beiseite und nimmt die Gabel in die rechte Hand, während die Linke Ruhe hat. Daumen und Mittelfinger halten den Messergriff, der Zeigefinger liegt obenauf, aber nicht auf der Klinge. Immer Gabel und Löffel zum Mund führen – und zwar stets waagerecht –, niemals jedoch das Messer, weder waagerecht noch anders.

Für Saucen benutzt der Gourmet einen speziellen, sehr flachen Löffel, den Gourmetlöffel, nicht den Suppenlöffel.

Wenn Sie mit der Gabel etwas aufspießen oder festhalten wollen, wird sie genauso wie ein Messer gehalten, also mit Daumen seitlich und Mittelfinger auf dem Besteckrücken. Um Reis, Kartoffeln oder Gemüse auf die Gabel zu schaufeln, drehen Sie sie um, der Stil liegt in der Beuge von Daumen und Zeigefinger.

Weiches Gemüse, Nudeln, Klöße, Knödel und Kartoffeln werden nur mit der Gabel gegessen. Das Messer darf zum Halt eingesetzt werden.

Suppenlöffel führen Sie mit der Spitze zum Mund, in Großbritannien von der Breitseite. Suppenteller dürfen leicht gekippt werden, um den Rest auszulöffeln, aber in die von Ihnen abgewandte Richtung.

Benutztes Besteck darf auf keinen Fall den Tisch berühren. Bei Unterbrechungen kreuzen Sie Messer und Gabel auf dem Teller; das signalisiert dem Kellner, dass sie noch weiteressen wollen. Darf abgeräumt werden, legen Sie Messer und Gabel parallel auf dem Teller ab, die Schneide Richtung Gabel, den Gourmetlöffel quer darüber. Besteck für Vorspeisen, Suppen, Nachspeisen auf dem Unterteller ablegen, das Buttermesser bleibt auf dem Brotteller.

Gläser und Tassen

Über dem Teller finden Sie eine Reihe Gläser aufgereiht. Welches ist nun für welches Getränk gedacht? Ganz einfach: Man trinkt sich von rechts außen nach innen vor. Den Anfang macht meist ein kleines Sherryglas, es folgen das Glas für Weißwein, Rotwein (weil Rotwein atmen soll, mit einer größeren Öffnung), zum Schluss die Gläser für Sekt oder Champagner, der in Flöten oder Kelchen gereicht wird.

Wenn Sie einen Wein auswählen müssen und sich nicht auskennen, fragen Sie in besseren Restaurants den Sommelier (Weinkellner); er wird sich freuen, das Passende zu empfehlen. Im normalen Restaurant empfiehlt Ihnen die studentische Bedienung meist einfach den teuersten Tropfen.

Wenn Sie einen Wein ausgesucht haben, wird Ihnen der Sommelier zuerst die Flasche zeigen, Sie nicken dann, und der Kellner wird sie öffnen. Vielleicht riecht er unauffällig am Korken, ob der Wein korkt. Dann füllt er Ihnen einen Schluck ein und Sie probieren. Schmeckt der Wein, hat er die richtige Temperatur? Wenn Sie nichts auszusetzen haben, nicken Sie erneut. Dann schenkt der Kellner den Damen vom Alter abwärts ein, es folgen die Herren.

Rotwein trinkt man aus größeren Gläsern; diese werden nur zu einem Viertel gefüllt, damit der Wein atmen kann und sich ein schönes Bukett entwickelt. Die kleineren Weißweingläser dürfen zu etwa zwei Drittel gefüllt werden.

Schwerer Wein passt zu schweren Saucen, leichter Wein zu leichten. Rotwein wird meist zu Fleisch angeboten, Weißwein zu Fisch und Meeresfrüchten, aber auch zu Geflügel mit leichten Saucen. Zum Salat trinkt man übrigens Wasser, denn Wein verträgt sich nicht so gut mit Essig. Zu Vorspeisen und zur Suppe wird nichts getrunken.

Sherry als Aperitif schenkt man in noch kleinere, meist kelchartig geformte Gläser ein. Cognac, Armagnac, Calvados als Digestiv werden im gern vorgewärmten Schwenker gereicht. Schaumwein wie Sekt und Champagner perlt in hauchzarten Flöten herrlich. Wodka ist wie Rache, eiskalt schmeckt er am besten. Deshalb in geeisten Gläsern servieren. Obstbrände dagegen bei Zimmertemperatur.

Kaffeetassen fasst man beim Trinken stets am Henkel; wird nachgefüllt, führen Sie bitte die Tasse samt Untertasse der Kanne entgegen.

Wie isst man was?

Die Blätter der **Artischocke** reißt man mit den Fingern ab, tunkt sie in eine Sauce und lutscht sie aus. Am Ende der Entblätterung entfernt man mit Messer und Gabel das Heu auf dem Artischockenboden. Diesen verspeist man anschließend formvollendet mit Messer und Gabel. Und Sauce.

Austerngabeln weisen eine scharfe Seite auf, mit der man das Muschelfleisch von der Schale trennt – nun können Sie das glibbrige Zeug dezent schlürfen. Feinschmecker beißen zwei- oder dreimal. Oder Sie nehmen die Austern mit der Gabel auf und trinken den Saft hinterher. Austern beträufelt man vorher mit Zitrone, richtig frische Exemplare zucken noch.

Erbsen nicht aufspießen, sondern vorsichtig in der Gabelkuhle balancieren.

Fisch mit dem Fischmesser teilen. Nur Aal wird mit dem normalen Messer geschnitten, es sei denn, er liegt gedünstet in der Sauce. Fisch wird heute nicht mehr mit Zitrone behandelt.

Früher diente Zitrone dazu, den alten Geschmack zu vertreiben. Heute ist Fisch hoffentlich so frisch, dass das nicht nötig ist. (Chili hatte früher in heißen Ländern übrigens denselben Zweck: den Fäulnisgeruch des Fleisches zu überdecken.)

Garnelen, sie werden manchmal auch Langusten, Gambas, Prawns und sogar Shrimps (das sind eigentlich Krabben) genannt, isst man mit der Hand. Hinter dem Kopf das Hinterteil hochbiegen und so die Krustentiere in zwei Teile trennen. Dann das Fleisch aus der Chitinschale saugen, mit einer kleinen Gabel herauspulen oder den Panzer abschälen. Bei den kleinen Nordseekrabben bricht man in der Mitte den Rückenpanzer, zieht den Schwanz ab, und dann sollte das gesamte Krabbenfleisch herauszuziehen sein. Nach ein bisschen Übung geht es ganz flott. Nordseekrabben werden übrigens in Tunesien per Hand geschält. Wer sie wirklich frisch haben will, muss sie selbst pulen oder in Friedrichskoog am Hafen kaufen. Bei all diesem Fingerfood finden Sie Glasschälchen mit Wasser und Zitronenscheiben vor sich stehen. Tauchen Sie Ihre Finger ein und säubern Sie sie – ohne zu plätschern.

Versuchen Sie **Geflügelschenkel** zuerst mit Messer und Gabel zu essen. Dann schauen Sie sich um – wie fein ist die Gesellschaft? – und nagen die Knochen ab. Aber natürlich nicht, wenn das Geflügel in einer Sauce schwimmt.

Für **Grapefruits** gibt es eigene gebogene Grapefruitmesser, mit denen Sie die halbierte Frucht ringsum ausschneiden können.

Hummer knackt der Gourmet mit der Hummerzange. Er bricht die Scheren in der Mitte auf, zieht das Fleisch heraus und nimmt zur Not die Hände zu Hilfe. Hummer und Langusten werden halbiert serviert. Das geöffnete Hummerskelett wird am Schwanzende gehalten und das Fleisch mit einer Gabel herausgezogen und mit dem Vorspeisenbesteck verspeist.

Kaviar direkt aus der Dose mit dem Perlmutt- oder Hornlöffel essen. Dazu Blinis, das sind russische Pfannkuchen aus Buchweizenmehl, Toast oder Crème fraîche servieren. Aber bitte keinen Kaviar (und auch keine Gänseleberpastete) auf Toast häufen. Das ist nicht vornehm, und man wird Sie für jemanden halten, bei dem es nicht jeden Sonntag Kaviar gibt. Diesen Eindruck wollen Sie doch unbedingt vermeiden, oder?

Kirschkerne spucken Sie bitte dezent in die Hand und lassen sie von dort auf den Teller fallen.

Für **Krebse** gibt es eigene Krebsmesser mit Loch in der Klinge und zweizinkige Gabeln. Süßwasserkrebsen muss übrigens bei lebendigem Leib der Darm herausgerissen werden, sonst schmecken sie nicht. Das hat allerdings bereits der Koch erledigt. Sie müssen nur den Krebsschwanz aus dem Brustpanzer drehen, dann die Schale und die Scherenspitzen aufknacken. Mit der Krebsgabel stochern Sie das Fleisch heraus und essen es mit einer extra Fischgabel. Krebsessen ist für feine Gesellschaften aber auch eine Gelegenheit, gehörig die Sau rauszulassen und deftig zuzuschlagen. Mit den Fingern und Zähnen die Schale zu brechen, das Fleisch direkt aus dem Panzer zu lutschen und rustikal zu schlürfen. Die leckeren Krustentiere werden auf rotem Tischtuch serviert, und auch die Servietten sind rot, da der Krebssaft sonst komische Flecken hinterlässt (sollte man auch für Spaghetti mit Tomatensauce einführen!). Ausnahmsweise bindet man sich bei einem Krebsessen die Serviette um den Hals.

Maiskolben werden üblicherweise mit zwei Gabeln, Griffen oder Zahnstochern an beiden Enden serviert. Dann heißt es nagen und drehen, drehen und nagen. Und zuletzt die Fitzelchen zwischen den Zähnen entfernen.

Für **Miesmuscheln** fassen Sie eine leere Muschelschale und kneifen damit das Fleisch aus der nächsten Molluske heraus. Streng genommen bräuchten Sie für die erste Muschel eine Gabel.

Obst darf mit der Hand gegessen werden, sofern man nicht beim Hochadel oder bei Sybil Gräfin Schönfeldt zu Gast ist. Vor hundert Jahren aß man nur weiches Obst mit den Händen. Birnen, Bananen und Äpfel wurden mit der Gabel justiert und umständlich mit dem Messer geschält, zerteilt und formvollendet mit Messer und Gabel aufgenommen. Heute können Sie Obst ruhig in die Hand nehmen und mit dem Messer schälen – auch die Orange. Bitte nicht mit den Fingernägeln abpellen. Sollten Sie jemals in die Verlegenheit kommen, bei Hofe eine Birne auf dem Teller vorzufinden, und der kalte Schweiß steht Ihnen auf der Stirn, denn Sie ahnen, das geht mit Messer und Gabel garantiert schief: Sie müssen sie nicht essen.

Salat und **Spargel** darf man inzwischen mit Messer und Gabel zerteilen. Spargel kann auch mit der Hand gegessen werden.

Schnecken werden in speziellen Schneckenzangen waagerecht gehalten und mit einem kleinen Löffel ausgenommen.

Spaghetti drehen Sie formvollendet nur mit der Gabel am Tellerrand auf, also nicht gegen den Löffel halten. Die langen Nudeln sollten vom Koch gebrochen sein, denn Spaghetti schneidet man nicht mit dem Messer klein. Niemals geriebenen Käse zu Pastagerichten mit Fisch verlangen! Das ist genauso barbarisch wie Eiswürfel im Wein und wird zu Recht mit sofortiger Ausweisung aus Italien bestraft.

Bei **Suppe** und Vorspeise gibt es keinen Nachschlag. Klare Suppe, Consommé und Bouillon, gibt es zum Lunch (mittags) und nicht zum Dinner (abends). Sie wird in einer Henkeltasse gereicht, der letzte Rest darf getrunken werden.

Die **Vorspeisenplatte** niemals mit den Fingern berühren. Also nicht herumreichen, sondern sich auflegen lassen.

Weißwürste werden nach der rustikalen Methode an einem Ende aufgetrennt, in die Hand genommen und ausgezuzzelt. Weniger derb und ursprünglich können Sie Weißwürste, traditionell vor 12 Uhr gegessen, der Länge nach mit dem Messer teilen (die untere Haut aber nicht ganz durchschneiden) und das Brät dann Stück für Stück aus der Hülle herauslösen. Dazu gehören süßer Senf, Brezen und Weißbier.

Manchmal liegt in der Schale mit Würfelzucker eine silberne **Zuckerzange**. Greifen Sie sich damit ein Stück Zucker und lassen Sie es in den Tee oder Kaffee fallen. Vielleicht finden Sie solch ein sympathisches altmodisches Utensil auch im Nachlass eines Vorfahren.

Etikette bei Tisch

Beobachten Sie einmal im Fernsehen eine Hofgesellschaft beim Speisen und vergleichen Sie damit eine normale Gasthausrunde. Sehr schnell werden Ihnen die Unterschiede auffallen, auch in der Körpersprache: Je feiner die Gesellschaft, desto aufrechter sitzt sie bei Tische.

- Versuchen Sie so gerade zu sitzen wie möglich. Es ist das Besteck, das sich dem Mund nähert, nicht andersherum. Ellbogen vom Tisch, beim Essen dürfen auch die Handgelenke den Tisch nicht berühren. Die Füße nebeneinander stellen, nicht ausstrecken oder um die Stuhlbeine wickeln oder gar übereinander schlagen.
- »Guten Appetit« wünscht höchstens der Koch.
- Schneiden Sie das Essen in kleine Happen, dann müssen Sie den Mund nicht so weit aufsperren oder womöglich ein Stück abbeißen. Es sieht grauenhaft aus, wenn ein großer Bissen im Mund zermahlen wird, die Backen aufgeblasen wie ein Segel bei Sturm, der Unterkiefer renkt sich fast aus, die Lippen können nicht alles bei sich behalten, und der ganze Körper schwingt vor Anstrengung mit. Klein ge-

schnittene Speisen fallen nicht so leicht von der Gabel, und Sie können den Geschmack besser und in vielen Portionen auskosten. Ist das Essen zu heiß, zu scharf oder schmeckt ganz und gar nicht, ist ein Gabelbissen keine Katastrophe – ein ganzer Mund voll schon. Kleine Portionen sind außerdem gesünder.

- Essen Sie geräuscharm: nicht laut pusten, auf dem Porzellan kratzen, schlürfen, schmatzen, mit vollem Mund reden. Suppe darf sacht angehaucht werden, um sie abzukühlen.

- Beim Zahnstocher scheiden sich die Geister. Die Ansicht, hinter vorgehaltener Hand im Mund herumzustochern sei spießig, hat durchaus etwas für sich. Eine schützende Hand ist kein Vorwand, die Tafel zu einer Zahnarztpraxis umzufunktionieren. Vermeiden Sie deshalb möglichst das Gestochere. Bei hartnäckigen Fasern ziehen Sie sich dezent zum Händewaschen oder Nasepudern zurück.

- Sie dürfen alles aufessen, Anstandsreste sind passé.

- Der Koch hat nicht Ihren Geschmack getroffen? Essen Sie nur das, was Ihnen schmeckt, und machen Sie es wie Karl Lagerfeld. Er isst grundsätzlich nichts bei Einladungen, sondern schiebt das Essen mit Messer und Gabel hin und her, bis der Teller gebraucht aussieht.

- Unterhalten Sie sich nicht nur mit dem schönen Mann, der interessanten Frau zu Ihrer rechten Seite, sondern auch mit dem Langweiler, der Schwerhörigen links. Und zwar genauso lange.

Beim Chinesen

Die chinesische Küche gehört neben der französischen und italienischen zur besten der Welt. Leider werden wir in Europa meist mit chinesischem Allerlei aus dem Warmhaltetopf abgespeist. Viele chinesische Familien, die hier ein Restaurant betreiben, verteilen die Aufgaben nach der Sprachkenntnis: Wer von den Angehörigen Deutsch spricht, wird Kellner, wer nicht, kommt in die Küche.

Jedes gute Lokal, egal ob deutsch, italienisch, französisch oder chinesisch, hat sich auf eine Region spezialisiert. Kantonesische Küche bietet Meeresfrüchte, in Bambusschalen gedämpfte Ravioli (Dim Sum), typisch ist auch im Wok kurz angebratenes Fleisch und Gemüse mit Ingwer, Chili, Knoblauch. Szetschuan-Küche mit ihren vielfältigen Geflügel- und Pilzgerichten ist scharf, der berühmte Szetschuan-Karpfen ist mit rotem Pfeffer gewürzt. In Peking und Nordchina geht es deftiger und fettreicher zu, es gibt Weizen statt Reis, Hefeklößchen, dicke Nudeln, Tofu, Kohl, Feuertöpfe (Fondue), Ente und süßsaure Speisen. Aus Shanghai und Ostchina stammen feine vegetarische Spezialitäten und raffiniert zubereitete Meeresfrüchte, die an leichte französische Küche erinnern.

Wenn Sie ein gutes chinesisches Restaurant besuchen, bestellen Sie am besten ein Gericht mehr, als Personen am Tisch sind. Wählen Sie etwas Vegetarisches, ein Fischgericht, etwas Scharfes und etwas Süßsaures. Alle Gerichte kommen gleichzeitig auf den Tisch, und jeder soll sich aus allen Schüsseln bedienen. Schnappen Sie sich ein Stückchen, legen Sie es kurz in Ihre Reisschale und von dort ab in den Mund. Sie dürfen auch Ihren Nachbarn füttern, indem Sie ihm etwas in die Reisschale legen. Höflicherweise muss das gegessen werden.

Wer in China die Speisekarte nicht lesen kann, deutet auf die Gerichte anderer Gäste oder lässt sich in die Küche führen. Reis (Fan) muss extra bestellt werden. Niemals Stäbchen in den Reis stecken, das erinnert an Räucherstäbchen, die für die Toten abgebrannt werden. Wenn Sie hygienische Bedenken haben, bringen Sie Ihre eigenen Stäbchen mit.

Erst zum Schluss gibt es Tee, oftmals umsonst. Nach dem Essen stehen alle schnell auf, das europäische Rumsitzen an leer gegessenen Tischen ist in China unbekannt. Mit »Maidan« verlangt man nach der Rechnung, und mit »Piju« bestellt man Bier (mit stimmhaftem J wie in »Journalist«); in Hongkong/Südchina nennt man das Bier jedoch »Bätsau«. Bier passt gut zum chinesischen Essen. Chinesischer Schnaps geht in Richtung Mekong-Whiskey/Sake oder Pflaumenlikör. Trinkgeld ist in touristischen Orten üblich.

In China können Bankette ausarten, und manchmal gibt es auch wirklich merkwürdige Sachen zu essen: Fischlippensalat, Abalone, Quallen, Hirschpenis, Seidenwürmer. Probieren Sie einen Happen – Ratten und Heuschrecken schmecken ausgezeichnet – unter den neugierigen Blicken der Gastgeber, die sich auf die sehr teuren Spezialitäten freuen, und verderben Sie ihnen nicht die Laune. Es werden immer mehr Schüsseln aufgefahren. Was Ihnen am Anfang schon furchtbar viel erschien, war nur der Beginn. Erst wenn die Suppe kommt, wissen Sie: Das war es.

Kommen Sie nicht zu spät zum Bankett, das ist extrem unhöflich, und wenn man Ihnen beim Eintritt in den Saal applaudiert, klatschen Sie zurück. Verlangen Sie keinen zusätzlichen Reis. Das gilt als Beleidigung des Festmahls, denn Reis ist nur die Sättigungsbeilage. Trinken Sie niemals allein, sondern nehmen Sie das Glas in beide Hände und prosten jedem ein fröhliches »Ganbei« zu.

Ein sehr gutes Gastgeschenk für Chinesen ist übrigens Cognac. Das entspricht der Flasche Champagner bei uns.

Beim Japaner

In Japan gibt es schicke Restaurants. Die erkennen Sie daran, dass Sie die Schuhe ausziehen müssen. In weniger vornehmen Kneipen sitzen die Gäste am Holztresen, trinken Bier, schmatzen und essen schnell. Es geht laut, derb und lustig zu.

In feinen Restaurants und bei offiziellen Essen werden Sie am Eingang mit einer Verbeugung empfangen. Nicken Sie kurz zurück und entledigen Sie sich Ihrer Schuhe (Strümpfe sollten sauber und ohne Löcher sein!). Vielleicht müssen Sie sich zum Essen hinknien oder im Schneidersitz Platz nehmen, manchmal haben die Tische glücklicherweise eine Vertiefung für die Beine.

Bedanken Sie sich am Anfang für die Speisen mit »Itadakimasu«.

Der Reis muss weiß bleiben! Nicht mit dem Essen vermischen oder Sojasauce darüber schütten. Das gilt natürlich nicht für Curry-Gerichte wie Kare Reisu oder Domburi. Sie können die Reisschale in die Hand nehmen und sich daraus bedienen. Sie sollten alles aufessen, jedes Körnchen Reis.

Werden Speisen aus einer gemeinsamen Schale gegessen, füllen Sie sich mit dem unbenutzten Ende der Stäbchen auf. Nudelschälchen dürfen Sie nah an den Mund führen, damit es die Nudeln nicht so weit zum Mund haben. Größere Fleischstücke möglichst mit den Stäbchen teilen, es darf abgebissen werden.

Für Sushi schütten Sie sich etwas Sojasauce in ein flaches Schälchen. Aber nur so viel, wie Sie wirklich brauchen, Verschwendung gilt als unhöflich. Sushi soll ja nach Fisch schmecken und nicht nach Sauce, zu viel Tunken beleidigt den Koch. Meerrettich (Wasabi) brauchen Sie nicht unbedingt einrühren, da viele Sushi bereits damit bestrichen sind. Sushi möglichst in einem Bissen essen, sie zerbröckeln sonst; sie können auch mit den Fingern gegessen werden.

Miso-Suppe dürfen Sie aus der Tasse trinken und dabei mit den Stäbchen die Einlage in den Mund schaufeln. Suppe ist keine Vorspeise, man verteilt sie über das ganze Mahl. Suppe darf geschlürft werden. Aber nicht rülpsen. Niemals die Nase schnäuzen, schon gar nicht bei Tisch.

Trinken ist in Japan eine gesellige Angelegenheit, weshalb Sie niemals allein trinken sollten, sondern immer gemeinsam. Schenken Sie sich niemals selbst ein, schütten Sie stets den anderen Tee, Sake oder Bier nach. Mit »Gochisosama« (»Deshita«) bedanken Sie sich am Schluss für das Essen.

Beim Italiener

Italienische Restaurantbesitzer in Deutschland sind einiges gewöhnt. Die Gäste wollen Pizza, Spaghetti Bolognese, Sahnesaucen und große Portionen, aber nur einen Gang. Echte Italiener reagieren auf diese verfälschte Küche allergisch, Pizza gibt es aus Protest nicht. Pasta (Nudeln) macht in Italien nur den ersten Gang aus, und man isst bloß einen kleinen Teller voll. Wenn Sie richtig italienisch Essen gehen wollen, lassen Sie sich Zeit. Essen Sie nicht zu viel Brot, sondern eine Suppe, Pasta, ein Fleisch- oder Fischgericht und zum Abschluss ein Dessert mit Espresso und Grappa. Das dauert mindestens eine Stunde, denn zwischen den einzelnen Gängen wird geredet und Wein getrunken.

Wenn Sie der italienischen Sprache nicht mächtig sind, lassen Sie es und stottern nicht hilflos herum. Die Mehrzahl von Espresso heißt »Espressi« und nicht »Espressos«. Bitte keine Milch hineinschütten.

Beim Inder

Die indische Küche hat ein weites regionales Spektrum, im Norden gibt es mehr Fleisch, im Süden hervorragende vegetarische Speisen. Eine reichhaltige Essenskultur finden Sie jedoch nur in den großen Städten. In der Provinz werden Sie ein leckeres Essen bekommen, aber jeden Tag dasselbe.

Wenn Sie in Indien die Speisen mit den Fingern und Chapati, dem indischen Fladenbrot, essen, benutzen Sie bitte nur die rechte Hand. Die Linke, die als unsauber gilt, hängt herunter. Das gilt für alle Länder, wo mit den Fingern gegessen wird, zum Beispiel auch für Afrika. In Indien können Sie jedes Essen ablehnen, indem Sie sich auf Ihre Religion berufen; das glauben alle. Bringt man Ihnen mit der Rechnung ein Schälchen mit Gewürzkörnern – die meist nicht besonders schmecken, dazu sind sie auch nicht gedacht –, ist das eine kleine Erinnerung an ein Trinkgeld.

Unter Rauchern

»Je großartiger und stärker die Motive des Krieges sind, je mehr sie das ganze Dasein der Völker umfassen, je gewaltsamer die Spannung ist, die dem ganzen Krieg vorhergeht, um so mehr wird sich der Krieg seiner abstrakten Gestalt nähern, um so mehr wird es sich um das Niederwerfen des Feindes handeln, um so mehr fallen das kriegerische Ziel und der politische Zweck zusammen, um so reiner kriegerisch, weniger politisch scheint der Krieg zu sein.«

Carl von Clausewitz: »Vom Kriege«

Es gibt Raucher und Nichtraucher – das ist ein Naturgesetz. Beide Seiten müssen sich akzeptieren, etwas anderes ist nicht möglich. Raucher-Nichtraucher-Diskussionen sind vorhersehbar, unendlich langweilig und sinnlos. Die Argumente wiederholen sich stets, man regt sich auf, aber es ändert sich nichts. Die intolerantesten Nichtraucher waren früher die militantesten Raucher. Ihr Fanatismus ist der gleiche geblieben und hat nur die Fronten gewechselt. Raucher und Exraucher sind, wie es im chinesischen Sprichwort über Räuber und Polizisten heißt, vom selben Stamm.

Im Krieg zwischen Rauchern und Nichtrauchern muss man wissen, wo die Demarkationslinie verläuft. Es geht nicht ums Rechthaben oder um die persönliche Freiheit, es geht um den anständigen Umgang miteinander. Beide Lager müssen Kompromisse machen.

Friedenspflichten zwischen Rauchern und Nichtrauchern

- An vielen Arbeitsplätzen herrscht ein generelles Rauchverbot. Das ist nicht immer realistisch, wie auch Nichtraucher einsehen müssen. Im Gegenzug sollten Raucher darauf achten, dass es stets genügend Frischluft gibt. Sind die Räume zu klein, geht man zum Rauchen vor die Tür. Bei Konferenzen sollten nicht alle gleichzeitig paffen. Fragen Sie immer, ob und wo Sie rauchen dürfen, und ziehen Sie kein Gesicht, wenn man es Ihnen verwehrt.

- In Restaurants darf in der Regel geraucht werden, zumindest in ausgewiesenen Nichtraucherbereichen. Im Frühstückssaal von Hotels sollten Raucher- und Nichtraucherzonen gut voneinander getrennt sein, denn am Morgen sind beide Fraktionen am sensibelsten.

- Zwischen erstem Gang und Hauptgang wird nicht geraucht. Das gilt im Restaurant ebenso wie bei jedem gemeinsamen Essen! Wer es sich nicht verkneifen kann, verlässt in jedem Fall den Tisch und eventuell den Raum. Erst wenn alle aufgegessen haben und der Kaffee serviert wird, können Sie sich wieder eine anstecken.

- In kleinen Räumlichkeiten wie Fahrstühlen, Vorhallen von Banken, in denen der EC-Automat steht, und Telefonzellen wird nicht geraucht. Auch wenn Sie dort allein sind.

- Im Auto nur bei geöffnetem Fenster rauchen, selbst im Winter und wenn es regnet.

- Raucher sind für ihre Kippen verantwortlich. Sie müssen sich nach einem Aschenbecher umschauen, bevor sie sich einen Glimmstängel anzünden. In Plastikbecher mit Bier- und Weinresten zu aschen ist absolut eklig. Kippen auch nicht in den Sand am Strand stecken. Oder zumindest aufsammeln, wenn man den Platz verlässt.

- Für das Zusammenleben eines Rauchers mit einem Nichtraucher hat es sich bewährt, dass nur in einem Raum geraucht wird. Das ist meist die Küche. Auch für den Raucher sind die Vorteile unübersehbar, wenn die Gardinen nicht stinken, man morgens nicht im kalten Rauch aufwacht und nicht überall Asche rumfliegt.

- Sämtliche Aschenbecher abends ausleeren, morgens ist der Nichtraucher am empfindlichsten.

- Zigarettenraucher, die sich über Pfeifen-, Zigarillo- oder Zigarrenrauch aufregen, machen sich nur lächerlich.

Berufsleben

»Ein guter Mensch sein? Ja, wer wär's nicht gern?
Doch leider sind auf diesem Sterne eben
Die Mittel kärglich und die Menschen roh.
Wer möchte nicht in Fried und Eintracht leben?
Doch die Verhältnisse, sie sind nicht so!«

Bertolt Brecht: »Dreigroschenoper«

Höflichkeit sollte ein freiwilliges Entgegenkommen sein. Ein Zeichen von Stil und Respekt, der Ausdruck von Lebensart. Gute Kinderstube strebt nicht nach Belohnung. Eigentlich.

Doch leider, die Verhältnisse, sie sind nicht so. Im Beruf ist gutes Benehmen Pflicht. Damit man mit den Kollegen auskommt. Um Grenzen, Verantwortung und Schreibtische klar voneinander abzutrennen. Höflichkeit ist eine lächelnde Arbeitsgrundlage.

Manieren machen Karrieren. Wer schmatzt, wird den Botschafterposten nicht bekommen. Wer dem anderen ins Gesicht hustet, wird nicht als Außenhandelsvertreter eingestellt. Wer unpünktlich, unordentlich ist und allen ins Wort fällt, der wird nach dem Praktikum nicht übernommen. Warum auch? Es gibt genügend nichtschmatzende Diplomaten.

Im Beruf muss man die Form einhalten. Und eine Extraportion an nettem Umgang drauflegen, damit der Laden läuft.

Das gilt besonders für Chefs und jene, die Chefs werden wollen. Denn schlechtes Betriebsklima und Schlamperei sind ein Kostenfaktor.

Stellenbewerbung

Wenn Sie ein Stellenangebot entdeckt haben, sollten Sie schnell reagieren: innerhalb einer Woche, maximal zehn Tage nach Erscheinen der Anzeige. Nehmen Sie das darin beschriebene Anforderungsprofil ernst, aber nicht zu ernst. Die wichtigsten Bedingungen stehen an erster Stelle. Männer sind da oft großzügiger (»Ach was, meine Englischkenntnisse reichen aus.«) als Frauen (»Mist, ich war nur 30 Monate in leitender Stellung tätig, nicht drei Jahre.«).

Ist eine Telefonnummer angegeben, rufen Sie an. Ist die Stelle noch frei? Gibt es etwas, das ich noch wissen sollte? Dieses Telefonat müssen Sie formvollendet führen: freundlich, nicht nuscheln oder nervös herumstottern, sich mit Namen vorstellen und den Bezug nennen: »Ihre Anzeige vom 1. 11. im ›Tagesspiegel‹ …«

Wenn Sie sich blind auf eigene Initiative bewerben, weil Sie sich für diese Firma interessieren, sollten Sie unbedingt den Ansprechpartner kennen, also den Abteilungsleiter der gewünschten Sparte.

Erkundigen Sie sich über den Betrieb, klicken Sie die Website der Firma an, starten Sie eine Google-Anfrage, hören Sie sich im Bekanntenkreis um, schauen Sie eventuell auch bei der Firma vor Ort vorbei.

Das Bewerbungsschreiben

Eine schriftliche Bewerbung um eine Arbeitsstelle besteht aus einem Anschreiben, einem Foto und einer Mappe mit Lebenslauf und Zeugnissen. Sparen Sie nicht am Papier, es sollte gutes DIN-A4-Papier sein, weiß und nicht zu dünn, zum Beispiel 100-g-Papier. Knicken Sie die Unterlagen nicht, sondern stecken Sie sie in einen robusten Briefumschlag, der etwas größer als DIN A4 ist und korrekt adressiert, inklusive Absender, und natürlich ausreichend frankiert sein muss.

Für Lebenslauf und Zeugnisse verwenden Sie eine stabile Mappe, in die man gelochte Plastikhüllen einlegen kann, oder einen leider nicht billigen Klemmhefter, dann müssen Sie die Unterlagen nicht lochen. Zuoberst liegt der Lebenslauf, es folgen die Zeugnisse, die neuesten zuerst, die älteren dahinter.

Anschreiben

Zusammen mit dem Foto wird ein Anschreiben mit einer sauberen Heftklammer an die Mappe geheftet. Oder das Anschreiben in ein extra Kuvert stecken und handschriftlich an den Empfänger adressieren, nur den Namen, ohne Postanschrift. Das Anschreiben nicht falten. Wie ein ordentlicher Brief im Einzelnen auszusehen hat, lesen Sie im Kapitel »Schreiben« nach.

Nach Ihrem Namen, Ihrer Postadresse und der vollständigen Anschrift des Empfängers folgt die so genannte Betreffzeile. Schreiben Sie aber nicht »Betreff«, sondern einfach nur: »Ihre Anzeige vom …« bzw. bei Blindbewerbungen »Bewerbung als …«

Wenn Sie Ihren Ansprechpartner kennen, reden Sie ihn mit Vor- und Nachnamen und eventuell Titel an: »Sehr geehrter Herr Dr. Hans-Jürgen Meyer«. Andernfalls wählen Sie das unverbindliche »Sehr geehrte Damen und Herren«. Es folgt ein Komma, eine Leerzeile, und den ersten Satz beginnt man klein geschrieben.

Gliedern Sie den Text des Anschreibens in logische Absätze. Schreiben Sie im Anderthalb-Zeilen-Abstand, lassen Sie rechts einen Rand von etwa vier, links von drei Zentimetern. Es ist dringend anzuraten, nur eine Seite für das Anschreiben zu verwenden.

Schreiben Sie kurze und präzise Sätze, übertreiben Sie nicht, verkneifen Sie sich wohltönende Adjektive und Standardfloskeln. »Hiermit bewerbe ich mich« oder »Ihre Anzeige interessiert mich« klingt nicht gerade nach einem kreativen Kopf. Sie dürfen weder zu langweilig wirken noch einen zu nassforschen Eindruck machen. Präsentieren Sie sich auf dem Papier regelkonform, aber mit dem gewissen Etwas. Ganz wichtig: Begründen Sie Ihr Interesse an der Firma und dem Job. Warum sind Sie der oder die Richtige? Warum wollen Sie unbedingt hier arbeiten? Was ist für Sie das Besondere an dem Unternehmen? Warum soll man ausgerechnet Ihnen die Stelle geben?

Auch bei der x-ten Bewerbung müssen Sie sich in Schwung schreiben. Aus Ihren Zeilen muss Engagement sprechen. Wechseln Sie deshalb bei jeder neuen Bewerbung immer mindestens einen Absatz aus.

Gehaltswünsche sollten Sie nur angeben, wenn die Stellenausschreibung dies verlangt. Erkundigen Sie sich vorher, was bei Ihrer Qualifikation und Berufserfahrung in der Branche üblich ist. Verkaufen Sie sich nicht unter Wert – das erhöht nicht Ihre Einstellungschancen.

Teilen Sie Ihren frühestmöglichen Eintrittstermin mit. Beenden Sie das Schreiben mit dem Satz, dass Sie sich über eine Einladung zum Vorstellungsgespräch sehr freuen würden. Schließen Sie mit freundlichen Grüßen. Unterschreiben Sie leserlich mit Vor- und Nachname, darunter kann in Klammern Ihr Name noch einmal gedruckt stehen.

Unten links listen Sie die Unterlagen auf, die Sie in der Mappe beilegen.

Foto

Ein Bewerbungsfoto ist im Format etwas größer als ein Passbild. Es sollte professionell aufgenommen und möglichst schwarz-weiß sein. Konservative Arbeitgeber werden Sie kaum mit einem noch so sympathischen Schnappschuss für sich gewinnen können. Beschriften Sie das Foto auf der Rückseite mit Ihrem Namen und der Adresse und heften Sie es mit einer Büroklammer entweder an das Anschreiben oder an die Bewerbungsmappe.

Lebenslauf

Ihr C. V. (Curriculum Vitae) können Sie praktisch in eine zweispaltige, großzügige Excel-Tabelle einfügen. Links stehen die Jahresangaben mit Datum (1. 1. 97 bis 31. 8. 99), rechts die Ereignisse: Geburt, Schule (mit höchstem Abschluss), Wehr- oder Zivildienst, Praktika, Ausbildung (mit Abschlüssen), Berufserfahrung, Neben- und Aushilfsjobs.

Verfassen Sie den Lebenslauf auf jeden Fall tabellarisch und nicht im Fließtext: »… wurde ich als Tochter des Konditormeisters Eduard Fischl und seiner Gattin Martina im schönen Oberammergau geboren.«

Üblich ist die Chronologie von Geburt bis heute, in den USA ist es andersherum.

Eine Biografie soll lückenlos erscheinen. Andernfalls muss man sich im Vorstellungsgespräch auf kritische Nachfragen gefasst machen. Mutterschaft, Selbstständigkeit, Fortbildung klingt besser als Weltreise oder Gefängnisaufenthalt. Babypause hört sich besser an als Hausfrauendasein. Berufsanfänger können mit ehrenamtlichen Tätigkeiten punkten.

Bei Männern gelten Familie und Kinder als stabiler Hintergrund, Frauen sind da in einer No-win-Situation: Eine Mutter will bei Krankheit ihres Kindes vielleicht Urlaub nehmen. Bei einer Kinderlosen drohen irgendwann Mutterschaftsurlaub und der Wunsch nach einer Halbtagsstelle.

Mitgliedschaften in Kirchen, Parteien, Gewerkschaften gehören nicht in ein Bewerbungsschreiben.

Arbeitszeugnisse

Arbeitszeugnisse sind das A und O einer Bewerbung. Lassen Sie sich deshalb nach jeder Tätigkeit ein Zeugnis ausstellen. Wer eine Ausbildung absolviert hat, braucht keine Schulzeugnisse beizulegen.

Schicken Sie keine unverlangten Arbeitsproben mit. Unterlagen nur als saubere Kopie beifügen, keine Originale. Rechnen Sie nicht damit, die Unterlagen zurückzubekommen.

Das polizeiliche Führungszeugnis erhalten Sie beim Einwohnermeldeamt. Sollte es verlangt werden, merken Sie an, dass Sie es nachsenden, denn üblicherweise dauert die Bearbeitungszeit zwei Wochen.

Das Vorstellungsgespräch

Kommen Sie pünktlich, das heißt, tauchen Sie fünf Minuten früher im Vorzimmer auf. Rechnen Sie bei Ihrer Anfahrt Stau, Parkplatzsuche und Herumirren im Gebäude mit ein.

Hier die Checkliste für den großen Moment: Schuhe geputzt? Tags zuvor keinen Knoblauch gegessen? Mund gespült? Deo benutzt? Dezentes Rasierwasser oder Parfüm? Steckt das gebügelte Hemd ordentlich in der Hose? Hängt die Krawatte nicht über den Gürtel? Ist das Kostüm, der Anzug fleckenfrei? Sind die Fingernägel sauber und gefeilt? Sitzen die Strümpfe faltenfrei? Befindet sich die Gürtelschnalle in der Mitte? Klimpert kein Kleingeld oder der Schlüsselbund in der Hosentasche? Entleeren Sie die Brieftasche von allem Überflüssigen,

Sie brauchen jetzt keine Krankenkassen-, Videoklub-, Miles-and-More-Karte. Etwas Bargeld und eine Visitenkarte reichen. Das Gleiche gilt für den Inhalt der Handtasche.

Lesen Sie das Kapitel »Kleiderkunde«, und halten Sie sich an die konservative Richtung. Für den Mann heißt das: dezenter Anzug, neutrales Hemd, neutrale Krawatte, schwarze Strümpfe und Schuhe. Für die Frau: Kostüm, Rock reicht über das Knie, kein Dekolleté, höchstens ein dezentes Schmuckteil wie Perlenkette, dünne Goldkette, kleine Ohrringe oder schmaler Armreif – aber nur eins davon. Tabu sind auffallende Muster, Sportkleidung, Leder, Rüschen, Spaghettiträger, ärmellose Blusen, durchsichtige, glitzernde oder wallende Stoffe.

Schalten Sie das Handy aus. Warten Sie, bis man Sie zum Eintreten auffordert. Erwidern Sie einen angebotenen Handschlag, aber bieten Sie keinen von sich aus an. Nennen Sie bei der Begrüßung Ihren Namen klar und deutlich, wenn Ihr Gegenüber Sie nicht namentlich angesprochen hat. Setzen Sie sich nur nach Aufforderung hin. Merken Sie sich unbedingt den Namen Ihres Gesprächspartners, und lassen Sie ihn im Gespräch ein- oder zweimal einfließen.

Sie dürfen weder rauchen noch Alkohol trinken, auch wenn man es Ihnen anbietet. Ziehen Sie das Jackett nicht aus. Treten Sie freundlich auf. Freundlich, aber bestimmt. Das heißt, nicht trippeln, an der Wand entlangschleichen oder neben der Tür erstarren, nicht nervös oder entschuldigend lachen. Setzen Sie sich nicht breitbeinig hin, schlagen Sie nicht die Beine übereinander, halten Sie die Schultern gerade, sitzen Sie aufrecht. Spielen Sie nicht mit den Händen herum. Schauen Sie auf keinen Fall auf die Uhr.

Unterbrechen Sie den Personalchef nicht. Sagen Sie nicht »Ich weiß«, sondern nicken Sie. Lassen Sie Ihr Wissen über die Firma einfließen. In Ihnen sollte ein Feuer brennen, dass Sie unbedingt hier arbeiten wollen. Erwähnen Sie also nicht, dass

Sie eigentlich lieber in einer anderen Branche tätig wären oder in den nächsten Tagen noch fünf Vorstellungstermine haben – außer, man will Sie unbedingt und Sie können pokern. Ziehen Sie nicht über Ihren alten Arbeitsplatz her. Sie sollten einen kleinen Schreibblock und einen Kugelschreiber hervorziehen können, um sich etwas aufzuschreiben. Beides sollte einen ordentlichen Eindruck machen.

Verabschieden Sie sich nach dem Gespräch höflich, und bedanken Sie sich.

Der erste Arbeitstag

Der erste Eindruck zählt. Die neuen Kollegen werden Sie beiläufig mustern: Was ist das für einer? Kommt die jetzt öfter? Sie selbst werden mit einigen der Menschen, die Ihnen auf dem Flur begegnen, die nächsten Jahre mehr Zeit als mit Ihrem Freund oder Ihrer Freundin verbringen. Bemühen Sie sich deshalb um einen guten Start.

Grüßen Sie jeden, der Ihnen über den Weg läuft. Stellen Sie sich in Ihrer Abteilung vor: »Ich bin die/der Neue.« Merken Sie sich die Namen der Kollegen und deren Funktion. Fragen Sie ruhig nach, wenn Sie etwas nicht wissen oder vergessen haben. Erkundigen Sie sich nach den Arbeitsabläufen: Wo ist das Werkzeug? Das Archiv? Das Lager? Die Kantine? Wie ist das Intranet aufgebaut? Wer kocht den Kaffee? Wann ist Arbeitsbeginn, Mittagspause, Feierabend? Wo ist das Papier für den Fotokopierer? Wie funktioniert der Drucker, die Telefonanlage, die Espressomaschine? Wenn Sie das nach einem Monat noch immer nicht wissen, ist es peinlich.

Informieren Sie sich über die Projekte des vergangenen Monats; sie können nach wie vor aktuell sein und geben konkrete Hinweise darauf, an was und wie hier gearbeitet wird. Außerdem zeigt das Ihr Interesse.

Der erste Eindruck, den Sie am Arbeitsplatz machen, kann die ganze Laufbahn bestimmen. Kleiden Sie sich deshalb ordentlich, das erhöht den Eindruck von Kompetenz. Geben Sie nur sauber Geschriebenes aus der Hand, ohne Flecken und Rechtschreibfehler, auch wenn es etwas länger dauert. Seien Sie zu allen freundlich. Stellen Sie sich gut mit den so genannten Türöffnern, die es in jedem Betrieb gibt: Büroleiter, Sekretärinnen, Assistenten, Einsatzplaner. Verbünden Sie sich außerdem mit den anderen Neuen. So knüpfen Sie beizeiten ein Netzwerk.

Arbeitsalltag, Arbeitsärger

Respektieren Sie den Raum und die Zeit der Kollegen. Lagern Sie also nichts auf fremden Arbeitsplätzen ab. Kommen Sie nicht ständig zu spät oder rufen »Augenblick, ich bin gleich fertig« und lassen die anderen warten. Nerven Sie die Kollegen nicht mit Übereifer und dem Zwang, alles gleich und besonders ausführlich zu erledigen. Verbeißen Sie sich nicht in Kleinigkeiten, halten Sie den Ablauf nicht auf, auch der Kollege möchte seine Sache fertig machen.

Telefonieren Sie nicht zu laut, und führen Sie nicht zu häufig Privatgespräche. Reservieren Sie während der Arbeitszeit keine Urlaubsreisen und bestellen Sie auch keine Möbel. Grüßen Sie jeden Morgen, und verabschieden Sie sich. Lassen Sie Ihre schlechte Laune und den Stress nicht an anderen aus. Bitten Sie um Rücksicht, wenn Sie Migräne haben. Aber quälen Sie die anderen nicht mit Krankheiten, Schnupfen, Unpässlichkeit, sondern bleiben Sie daheim im Bett.

Bringen Sie die Teetasse zurück zur Spüle, und waschen Sie sie aus. Möglichst nicht direkt am Arbeitsplatz essen. Lassen Sie keine leeren oder halb leeren Flaschen herumstehen. Plastikgabeln, Pappteller, Einwegdosen, Servietten gleich nach Gebrauch in den Abfall werfen. Pizzakartons riechen nach Pizza, also nicht in den Büroabfallkorb geben, sondern ganz weit weg bringen und in die tiefsten Tiefen der Mülltonne schmeißen.

Einigen Sie sich auf die Raumtemperatur, die Lüftungszeiten und wo und wann geraucht werden darf. Aschenbecher sofort leeren und riechfest entsorgen. Niemals in Flaschen aschen!

Für Kleidung und Hygiene gilt im Berufsalltag nicht der persönliche Stil, sondern eine gesellschaftliche Norm – das ist im Gehalt inbegriffen. Man duscht, deodoriert und rasiert sich täglich. Man wäscht sich mindestens alle drei Tage die Haare. Man zeigt keine nackten Achselhöhlen. Man kommt nicht mit derselben Kleidung wie tags zuvor. Man putzt regelmäßig die Schuhe.

Halten Sie an Ihrem Arbeitsplatz Ordnung. Es ist nicht Ihr privater Raum, sondern ein Rangierbahnhof, andere sind zumindest indirekt daran beteiligt.

Ordnung im Büro

Mit dem Schreibtisch ist es wie mit Handtaschen und Koffern: immer zu voll, egal wie groß sie sind. Diesem verbreiteten Übel hat sich Edith Stork angenommen, sie ist Fachfrau für Bürologistik. Die energische Rothaarige krempelt voll geräumte und chaotische Arbeitsplätze um. Sie mistet Geheimarchive und abgeschlossene Schränke aus, in die man lieber nicht mehr hineinschauen will.

Interview

Mein Schreibtisch ist die reinste Müllhalde. Bitte helfen Sie mir, Frau Stork!

STORK: »Räumen Sie den Schreibtisch als Erstes komplett leer. Legen Sie eine Schreibunterlage aus Plastik oder Leder hin, aber keine Papierunterlage zum Abreißen, die sind nach kurzer Zeit voll gekritzelt und sehen schrecklich aus.«

Genau, das mache ich auch, wenn ich keinen Briefumschlag oder Post-it-Zettel finde.

STORK: »Um Gottes willen, unterlassen Sie das auf jeden Fall. Schreiben Sie Notizen auf die Rückseite von nicht mehr benötigtem Papier, das können Sie später abheften. Aber Post-it-Zettel und Briefumschläge fliegen nur herum. Weg damit. Und auch nicht an den PC kleben.«

Und wohin dann mit dem ganzen Zeug? Dauernd stöbere ich nach Verträgen, Briefen, Mahnungen, meinen Fotokopien …

STORK: »Ts, ts, ts. In ein Büro gehören nur drei Arten von Dokumenten, die müssen Sie strikt auseinander halten. Erstens das A, die Administration, das ist alles, was Sie zur Selbstverwaltung brauchen. Also Terminkalender, Formulare, Postein- und -ausgang.

An zweiter Stelle stehen die P: die aktuellen P – Projekte, an denen Sie arbeiten und Geld verdienen.

Drittens die DOK, die Dokumentation: Literatur und Hintergrundwissen für das aktuelle Projekt, die Abonnements, Kataloge und andere Quellen. Nach dieser Dreiteilung sollten alle Papiere geordnet sein: der Schreibtisch, das ganze Büro und die Ablage im Computer.

Auch im Haushalt können Sie so verfahren. Die Administration wären dann die Standards in der Speisekammer, wie

Salz, Pfeffer, Eier usw. Das aktuelle Projekt wäre das Mittagessen, und die Dokumentation wäre das Kochbuch.«

Aha, und dann?
STORK: »Kaufen Sie zwei Pultordner. Einen markieren Sie von 1 bis 31. Da kommen alle Termine rein. Den zweiten Pultordner beschriften Sie von A bis Z für alle Angelegenheiten ohne Termin. Prüfen Sie einmal pro Woche, was sich dort angesammelt hat, und entscheiden Sie, ob die Sache in einen Termin abgelegt werden kann. In einen Eingangskorb kommen sämtliche neuen Poststücke, die Sie am Morgen alle nur ein einziges Mal in die Hand nehmen, dann kommen Sie entweder in einen der beiden Pultordner oder in die Ablage, ordentlich vorsortiert für die Ablage im Archiv.«

Ich habe dafür zwei Stapel …
STORK: »Stapel sind verboten! Es darf im ganzen Büro keinen einzigen Stapel geben.«

Was mache ich dann mit meinen Zeitschriften?
STORK: »Niemals flach hinlegen, das nimmt nur Platz weg, und man kommt nie an die unteren Ausgaben heran. Sondern in Stehboxen nach Jahrgängen ordnen. Stapel bedeuten immer, dass da jemand nicht weiß, wo es hingehört, und es einfach stapelt. Dann bleibt es da, wochenlang, monatelang, jahrelang.«

Und wohin mit den Briefumschlägen, dem Büromaterial …
STORK: »Die gehören nicht auf den Schreibtisch, sondern in den Rollcontainer, das Sideboard oder in den Unterschrank. Dort richten Sie sich auch einen ›Kiosk‹ ein, ein Fach für die persönlichen Dinge wie Heftpflaster, Aspirin, Schokolade und Stofftiere. Fotos gehören nicht auf den Tisch, sondern vielleicht an die Wand. Blumen fristen in Büros oft ein kümmerli-

ches Dasein. Sie sollen natürlich nicht als Trennwand auf der Arbeitsfläche stehen. Tassen, Mobiltelefone und Bücher haben da auch nichts verloren.«

Wohin mit den Kostenbelegen und Quittungen?
STORK: »In eine Klarsichthülle und zum Abrechnungstermin in den Terminordner ablegen. Oder in einem speziellen Fach im Container.«

Und die ganzen Visitenkarten?
STORK: »In einen Karteikasten mit Alphabet, der darf auf dem Schreibtisch stehen. Aber nicht diese Klarsichthüllenmäppchen, die können Sie nicht alphabetisch ordnen. Die Club-, Telefon-, Scheck- und Ausweiskarten stellen sie ganz vorn in den Kasten. So können Sie die Visitenkarten ohne Vorarbeit in den PC eingeben.«

Die abgeschlossenen Arbeiten …
STORK: »Kommen ins Archiv. Natürlich alphabetisch oder nach Jahrgängen geordnet.«

Die Aktenordner …
STORK: »Müssen beschriftet sein, bitte keine Blindgänger. Und zwar so, dass man die Schrift lesen kann. Ich finde die Schriftarten Arial oder Optima am besten. Nur vier Begriffe auf die Rücken schreiben: A, P oder DOK, das Thema, die Sortierung und die Zeitangabe – keine Romane. Bezeichnungen wie ›Interna‹ oder ›Diverses‹ sind reines Wischiwaschi, alles und jedes hat einen Namen. Zum Beispiel: *›A/Bank/Kontoauszüge nach Datum 1997‹, ›Versicherungen‹, ›A/Steuern 2000‹*. Das sind eindeutige Bezeichnungen. Ordner, die ins Archiv wandern, sollten immer mit der Aufbewahrungsfrist beschriftet sein.

Privat brauchen Sie einen Ich-Ordner, dort sind die Unterlagen drin, die Sie als Erstes retten wollen, wenn es brennt. Die Lebensversicherungspolice, der Steuerbescheid, das Abschlusszeugnis, der Arbeitsvertrag, das Testament, kurzum, alle unwiederbringlichen Unterlagen.«

Das hört sich ja alles sehr vernünftig an. Ich versuche es mal nach Ihrem System.

Stork: »Tun Sie das. Die Ordnung ist kein Selbstzweck, sondern spart Geld. Schlamper vertrödeln kostbare Arbeitszeit. Ein aufgeräumter Schreibtisch beweist Teamfähigkeit. Es gibt da so einige Klienten, die machen sich durch ihre Unordnung unentbehrlich. Das ist immer ein Zeichen für Führungsfehler, denn ein Vorgesetzter lässt sie ja gewähren.

Wissen Sie, jedes Büro, jeder Schreibtisch muss am Abend so geordnet sein, dass, wenn Sie am nächsten Tag nicht auftauchen sollten, ein Kollege sich in Ihren Dokumenten zurechtfindet, ohne Sie anrufen zu müssen.«

Danke, Frau Stork, Sie sind ein Engel!

(Mehr dazu: »Logistik im Büro« von Edith Stork, Beltz-Verlag.)

Der gute und der böse Chef

Ein Chef muss zuhören können und entscheiden. Die Schlimmsten sind die, die immer nur selber reden und keine Verantwortung übernehmen wollen. Der Boss wird für seine Verantwortung bezahlt. Er sollte sich nicht darüber beklagen und den Druck aushalten, statt ihn einfach nach unten weiterzugeben. Ein Chef übernimmt gegenüber seinem Chef die Verantwortung für die Fehler seiner Untergebenen.

Egoistische, schlampige Mitarbeiter, die den Arbeitsablauf und die anderen Kollegen behindern, sind ein Zeichen von Führungsschwäche. Ein guter Chef schreit nicht, er reagiert.

Ein Chef hat zu einem bestimmten Grad sein Anrecht auf seine menschliche Natur verloren, er ist ein Teil der Maschinerie. So wie normale Mitarbeiter sich am Arbeitsplatz keine Pantoffeln anziehen dürfen wie zu Hause, muss der Chef seinen Ärger, seine Frustration verbergen. Nur schlechte Chefs lassen sich ihre schlechte Laune anmerken.

Ein Chef muss häufig länger arbeiten als die anderen und zugleich die Zeit seiner Untergebenen respektieren. Auch wenn die Chefin am Freitag bis um 20 Uhr im Büro sitzt, ist das kein Grund, um diese Zeit noch die Mitarbeiter zu Hause anzurufen. Die Chefin wird ja auch besser bezahlt.

Ein Chef sollte nicht erwarten, dass Menschen, die von ihm, seinen Aufträgen und seinem zu verteilenden Budget abhängig sind, ihn zum Essen einladen. Der Boss zahlt. Alles andere ist Korruption.

Liefert ein Mitarbeiter eine unbrauchbare Arbeit ab, sollte ein Chef, falls er von diesem Mitarbeiter noch eine Verbesserung erwartet, komplett vernichtende Kritik vermeiden. Also nicht: »Unter aller Sau, so etwas habe ich noch nie gesehen, was haben Sie sich dabei gedacht?« Sondern: »Ich hatte mir etwas anderes vorgestellt. Das müssen wir noch einmal überarbeiten. Ein anderer Ansatz wäre besser. Ich habe da noch ein paar Anmerkungen. Ich weiß, dass Sie es besser können.« Die darauf folgenden Sachargumente können dann ruhig einer Wurzelbehandlung gleichen. Kritik nie per E-Mail, sondern im persönlichen Gespräch äußern.

Mitarbeiter niemals vor Kollegen abkanzeln, das gilt auch für Kreative, die für sich eine größere Freiheit beanspruchen als ein langweiliger Abteilungsleiter. Mitarbeiter brauchen häufiges Lob. Dann geben sie sich Mühe, ihre Arbeit besser zu machen.

Seien Sie ruhig ein strenger Chef. Erst die Peitsche, dann das Zuckerbrot. Man wird Sie lieben, wenn Sie in Ihrem strengen Regiment eine Ausnahme zulassen. Sind Sie jedoch gleich am Anfang nett und lassen alles durchgehen, dann haben Sie echte Probleme, das Ruder herumzureißen. Ein nachgiebiger Lehrer wird von der Klasse nicht respektiert, aber ein strenger, der auch mal – Überraschung! – fünf gerade sein lässt, sehr wohl. In diesem Punkt sind wir Menschen allesamt echte Sadomasochisten.

Der Chef hat höflicher zu sein als die anderen, denn er ist für das Betriebsklima zuständig. »Bitte« und »Danke« sagen, Rücksicht auf die Zeit anderer nehmen, Selbstbeherrschung, Freundlichkeit, Takt, Ordnung, Sauberkeit des Chefs sind für einen ökonomischen Ablauf unerlässlich. Das gilt für Metzgereien, Universitäten, Filmteams, feindliche Übernahmen, Gerichtsprozesse, Finanzverwaltungen und Blumenläden gleichermaßen.

Ein Chef sollte es sich genau überlegen, ob er seine Mitarbeiter duzt. Zur Not muss er sie rausschmeißen – da hilft ein Sie.

Die häufigsten Arbeitsunfälle: petzen, mobben, schleimen

Warum bin ich bei der Arbeit von lauter Trotteln umgeben? Wann wird die Geschäftsführung endlich erkennen, dass ich ein viel besserer Chef wäre als der jetzige? Warum redet keiner mit mir? Was tuscheln die anderen hinter meinem Rücken? Muss ich wirklich so viel arbeiten? Können das nicht die anderen erledigen? Wann ist endlich Feierabend?

Diplom-Psychologin Marita Warner coacht Angestellte, die mit ihrer Arbeitssituation unzufrieden sind, und gibt Antworten auf ein paar ganz normale Fragen.

Interview

Was sind die größten Probleme in der Arbeit?

WARNER: »Viele Menschen fühlen sich zu wenig geschätzt, weil sie ein Selbstwertproblem haben und nur ihre Fehler sehen. Dann reagieren sie auf Kritik besonders sensibel und schlagen unheimlich zurück. Sie fühlen sich gemobbt. Wenn ich gut mit beiden Beinen im Leben stehe, weiß, was ich kann und was nicht, dann kann ich eine gute Balance im Arbeitsleben finden.«

An Konflikten bin ich also selber schuld?

WARNER: »Nein, aber wenn ich selbstsicher bin, dann gehe ich auf meinen Chef zu und sage, dass ich einen Fehler gemacht habe, und brauche nicht fünf Tage um ihn herumzuscharwenzeln und hoffen, dass er es nicht merkt. Und kriege dann eins auf die Rübe. Oder wenn ich sehe, zwei Kolleginnen stecken den Kopf zusammen, und ich habe ein niedriges Selbstwertgefühl, dann werde ich denken, die tratschen über mich. Habe ich dagegen einen guten Kontakt zu mir, dann frage ich die zwei: ›Gibt es was, was ich nicht wissen darf?‹ Ich bin offensiver und nicht so defensiv.«

Und wie bekomme ich ein höheres Selbstwertgefühl?

WARNER: »Üben, üben, üben. Selbstreflektieren. Auch ein paar schwierige Situationen aufsuchen. Denn Selbstwert entsteht durch Handeln, nicht durch Unterlassen. Klopfen Sie sich auf die Schulter: Das habe ich geschafft, das habe ich mir zugetraut.«

Wo fängt Mobbing an?

WARNER: »Das ist meist kein einseitiger Prozess. Mobbing hat immer so etwas wie ein Schuldprinzip, denn niemand lässt sich sagen, dass er gemobbt hat. Gehen Sie auf denjenigen zu, mit dem Sie Probleme haben, und fragen nach der Ursache. Sie sollten sich nicht als Opfer fühlen, damit schränken Sie sich nur ein. Es ist viel spannender, sich als Zahnrad zu begreifen: Wie schaffen wir es zusammenzuarbeiten?«

Fast jeder beschwert sich über seinen Chef. Ohne ihn wäre alles viel besser.

WARNER: »Es ist ja ganz schön, so einen Blitzableiter zu haben. Und natürlich sind oben nicht immer die Qualifiziertesten. Aber Sie machen sich auch unzufrieden, wenn Sie sich ständig über Ihren Chef ärgern. Fragen Sie sich stattdessen: Was ist mein Anteil an der Arbeit? Wie nütze ich meine Freiheit? Und wenn ich einen schrecklichen Chef habe, muss ich lernen, damit umzugehen. Wenn ich nichts mehr ändern kann, ist es wichtig, sich auch nicht mehr darüber zu ärgern.«

Was sind häufige Konflikte unter Kollegen?

WARNER: »Abgrenzungen sind wichtig. Anforderungsprofil und Ziele müssen klar sein. Wofür bin ich verantwortlich? Wer muss was bis wann erledigen?«

Wie kritisiere ich einen Kollegen?

WARNER: »Sagen Sie ihm zuerst, was so bleiben kann, wie es ist: ›Ich schätze an dir …‹ Zweitens: Was wünsche ich mir mehr? ›Neulich hast du das so und so gemacht, das fand ich prima, mach das doch öfter.‹ Drittens: Das wünsche ich mir weniger. Und viertens: Das wünsche ich mir neu.«

Was mache ich, wenn ich mich überfordert fühle?

WARNER: »Das reine Gefühl reicht nicht. Schreiben Sie auf, woran es liegt, dass Sie die Arbeit nicht schaffen: Ich werde unterbrochen, der Chef mischt sich ein. Und quantifizieren

Sie. Dann bitten Sie um ein Gespräch, also unbedingt um Erlaubnis fragen: ›Es dauert eine halbe Stunde, wann haben Sie Zeit?‹ Sie dürfen ruhig schmeicheln: ›Ich weiß, ich kann auch mit Problemen zu Ihnen kommen.‹ Suchen Sie einen ungestörten Raum auf, und bringen Sie klare Wünsche zum Ausdruck. Nicht nur klagen, sondern klar machen, das und das ist zu schaffen und das nicht. Sagen Sie nicht: ›Ich kann das nicht.‹ Sondern: ›Es ist nicht zu schaffen.‹«

Wenn es der Kollege aber kann?
WARNER: »Dann fragen Sie den Chef: ›Vielleicht können Sie mir erklären, woran es liegt? Was kann ich besser machen?‹ Ab irgendeinem Punkt müssen Sie aber auch akzeptieren, dass andere das können. Ob das der Chef akzeptiert, ist eine andere Frage.«

Soll ich bei Konflikten einen Vermittler bemühen?
WARNER: »Suchen Sie erst einmal mehrere Vieraugen-Gespräche. Wenn das zu keiner Lösung führt, suchen Sie sich einen Mediator, am besten von außen. Betriebs- und Personalräte polarisieren sehr schnell.«

Kann ich zum Chef vom Chef gehen, um mich zu beschweren?
WARNER: »In Ausnahmefällen. Kündigen Sie diesen Schritt Ihrem Chef vorher an. Denn sonst gelten Sie als Petze. Sie müssen sich darüber klar sein, dass Sie ein Riesenproblem mit Ihrem Chef bekommen werden.«

Danke, Frau Warner, hätte ich das nur vor meiner Kündigung gewusst.

Reden

»Deine Rede sei ja, ja; nein, nein.«
Matthäus, Kapitel 5, Vers 37

Müsste ein Außerirdischer berichten, womit die Menschen auf der Erde am meisten beschäftigt sind, würde er an seinen fernen Planeten funken: Die Erdlinge sind dauernd am Reden, und hauptsächlich plärren sie in ein Telefon.

Einen Großteil unseres Berufslebens verbringen wir mit Reden. Selbst der Bauer sitzt öfter am Telefon als auf dem Traktor. Und seit der galoppierenden Verbreitung von Talkshows und Mobiltelefonen hat sich auch im Privatleben die durchschnittliche Rededauer dramatisch erhöht. Sex oder Angeln sind die seltenen Ausnahmen, bei denen Schweigen üblich ist.

Stellen Sie sich einmal vor, Sie würden Ihren Körper verlassen können und als Hausgeist von einer Ecke der Zimmerdecke aus das ganze Geschehen beobachten. Schauen und hören Sie den anderen genau zu: Wer redet zu lange? Wer wechselt das Thema? Wer hört nicht zu? Wer will was von wem? Wer reagiert auf was? Und wie? Wer merkt nicht, worauf der andere hinaus will? Weil Sie ja Ihren Körper verlassen haben, können Sie genauso sich selbst von außen betrachten. Sie werden sehen: Sie verhalten sich nicht anders und nicht besser als die anderen.

Telefonieren

Erstaunlich, welche Macht das Telefon besitzt. Es klingelt, und wir müssen einfach rangehen, als würden wir einen Lottogewinn erwarten. Vielleicht sollten wir uns als ein Mantra, einen Meditationsspruch, vorsagen: Das Telefon ist nur eine Maschine. Nur in ganz seltenen Fällen sind Anrufe wirklich wichtig, wirklich, wirklich wichtig.

- Private Anrufzeit ist zwischen 9 Uhr morgens und 19 Uhr abends, sonn- und feiertags erst ab 11 Uhr. Tabuzeiten sind oft auch die Zeit von Tages- und Sportschau im Fernsehen. Nur bei Freunden dürfen Sie jenseits dieser Grenzen anrufen. Fragen Sie, ob Sie gerade stören, besonders bei Anrufen auf dem Mobiltelefon.

- Behörden und viele Firmen erreicht man nur bis zum Nachmittag, am Freitag ist meist schon mittags Feierabend. In Norddeutschland geht man früher in die Mittagspause als im Süden. Montags ist bei Ämtern dauernd besetzt.

- Anrufbeantworteransagen sollten knapp sein. Wenn Sie Ihre Mobilfunknummer angeben, bitte deutlich und langsam sprechen, eventuell wiederholen, damit der Anrufer sie notieren kann.

- Auf Anrufbeantworter und Mailboxen keine Romane quatschen. Zwei Sätze sollten als Nachricht reichen.

- Korrekterweise meldet man sich am Telefon mit seinem Nachnamen, Kinder mit Vor- und Nachnamen. In der Firma heißt es »Finanzamt, Walser« und nicht einfach nur »Ja?« oder »Walser«. Wenn Sie den Apparat eines Kollegen übernehmen, sagen Sie: »Böll, Apparat Grass.« (Natürlich nur, wenn Sie so heißen.)

- Haben Sie sich verwählt, entschuldigen Sie sich kurz. Als höfliche Antwort gilt: »Macht nichts.« Dann legen beide auf.

- Frauen telefonieren länger und öfter als Männer. Das ist wertfrei gemeint, nur sollten sich Männer und Frauen darauf einstellen. Kurze, geschäftsmäßige Telefonate sind vom Mann deshalb nicht unbedingt unfreundlich gemeint, während Frauen auf die Frage »Wie geht's?« durchaus mal ausführlicher als mit »Gut« antworten. Frauen grüßen auch gern andere, sie erwarten sogar, dass die Grüße ausgerichtet werden und dass sie umgekehrt auch Grüße empfangen.

- Klingelt das Telefon während eines Gesprächs oder einer Konferenz, fassen Sie sich bitte kurz – unter einer Minute – oder nehmen gar nicht erst ab. Nichts ist langweiliger, als jemand minutenlang bei »Hm«, »Ja«, »Da hast du Recht« zuhören zu müssen. Es ist weitaus unhöflicher, den anwesenden Zuhörer warten zu lassen, als den fernen Anrufer auf später zu vertrösten.

- Schalten Sie Ihr Mobiltelefon öfter aus. Im Theater, Kino, im Krankenhaus, an Tankstellen, in Flugzeugen, Arztpraxen, in der Vorlesung, dem Seminar, bei Beerdigungen, in der Kirche herrscht absolutes Handyverbot. Im Restaurant, bei einer romantischen Verabredung und bei Partys sollte Ihnen die Gesellschaft wichtiger sein als irgendein Anruf. Denn das Leben findet hier statt und nicht am Telefon. Beim Autofahren wird natürlich auch nicht telefoniert (was ohne Freisprechanlage ohnehin verboten ist und mit Bußgeld belegt wird). Wozu gibt es schließlich die Mailbox? Coole und wichtige Menschen sind nicht rund um die Uhr erreichbar.

- Backgrounding nennt man die unhöfliche Nebenbeschäftigung während eines Telefonats. »Ich kann mehr als eine Sache auf einmal erledigen« soll das signalisieren. Das bezeichnet man als Multitasking. Es mag okay sein, bei einem stundenlangen Nicht-so-wichtig-Gespräch das Geschirr in die Maschine zu räumen. Aber E-Mails verschicken, Spaghetti abgießen, Windeln wechseln, während der Anrufer über den Tod seiner Mutter spricht, ist definitiv nicht okay »Äh, was hast du gerade gesagt?« Dann sollte man sagen: »Ruf mich an, wenn du Zeit für mich hast.« Und den Hörer auflegen.

- Husten Sie nicht in den Hörer. Kauen Sie auch nicht beim Telefonieren. Legen Sie klappernde Ohrringe ab. Wer nebenbei auf die Toilette geht, sollte wenigstens nicht spülen.

- Ein Bekannter, von dem man unbedingt etwas wissen will, ruft nicht zurück? Obwohl man eine Nachricht auf den Anrufbeantworter gesprochen hat? Rufen Sie noch einmal an und hinterlassen bloß Ihre Telefonnummer, ohne Namen, ohne dass man Ihre Stimme erkennt. Der Angerufene platzt dann vor Neugier und ruft garantiert zurück.

Smalltalk

»Und?« – »Ja, und selber?« – »Öh …« – »Hm …« – »Tja …« – »Geht es Ihnen auch so …?« – »Wie?« – »Äh, dass Ihnen nichts einfällt?« – »Einfällt?« – »Ja, zu reden.« – »Genau.« – »Hm.« – »Also …«

Da stehen zwei Menschen und grinsen sich freundlich an. Die Mauer des Schweigens wird immer höher, die Schatten der Stille länger. Um sich aus dieser beklemmenden Situation zu befreien, müssen Sie sich überwinden und den Anfang machen. Bringen Sie das Gespräch auf ein allgemeines Thema, das Sie gerade beschäftigt, bei dem Sie aber noch keine Antwort gefunden haben. Sonst gelten Sie als Besserwisser, dem es nur darauf ankommt, seine eigene Meinung zu verkünden.

Geht Ihnen beispielsweise im Kopf herum, warum sich Frauen gern am Rücken tätowieren lassen, wo sie ihr Tattoo nicht sehen können, Männer hingegen ihre Schulter oder Brust verzieren lassen? Kreisen Ihre Gedanken darum, ob man mit seinen Eltern ein normales Verhältnis haben kann oder lebenslang in der Kinderrolle bleibt? Was darf man bei einem Streit niemals sagen? Ist Reisen eine Flucht, oder lernt man in der Fremde wirklich etwas? Warum wollen so viele Menschen berühmt werden? Sehen Sie, Sie haben doch ein Gesprächsthema!

Fragen sind die beste Taktik, um andere aus der Reserve zu locken. Einige Fragen zum Auftauen: »Wen kennen Sie hier?« »Mit welchem Verkehrsmittel sind Sie hergekommen?« »Können Sie mir sagen, wer der Herr im blauen Anzug ist? Ich habe nämlich seinen Namen vergessen.« »Schmeckt der Rotwein/das Huhn?« Nach ein oder zwei Aufwärmfragen können Sie schon etwas persönlicher werden: »Was haben Sie heute so den ganzen Tag gemacht?«

Lassen Sie bei Ihren Fragen zugleich kleine Informationen über sich einfließen: Warum Sie hier sind, welchen Beruf Sie ausüben, ob Sie liiert sind. Wenn die Unterhaltung stockt, lenken Sie sie in eine andere Richtung. Würgen Sie aber kein Gespräch ab, sondern wechseln Sie sanft das Thema, wenn Sie merken, dass der Stoff ausgeht. Verläppert sich das Gespräch in Allgemeinplätzen, ist auch ein völlig absurder Themenwechsel erlaubt. Man wird sich daran klammern wie ein Ertrinkender an einen Ast. Also keine falsche Bescheidenheit. Es hilft, wenn Sie die Tageszeitung gelesen haben. Oder eine Anekdote zum

Besten geben, die anderen ermöglicht, mit eigenen Erlebnissen zu kontern. In einer Gruppe sollten Sie darauf achten, dass jeder sich am Gespräch beteiligt. Beziehen Sie auch den Verstummten in der Ecke mit ein.

Die Qualität von Gesprächsstoff zeichnet sich dadurch aus, den anderen eine Vorlage zu bieten, also eine Chance zu geben, sich am Gespräch zu beteiligen. Vermeiden Sie langweilige Themen wie den eigenen Job, Fernsehsendungen, Astrologie, Ihren letzten Strandurlaub, Steuerfragen oder die schulischen Leistungen Ihrer Kinder.

Wenn Sie Angst haben, Sie könnten Ihrem Gesprächspartner lästig sein, entfernen Sie sich kurz in der Absicht, etwas zu trinken zu holen, und achten Sie darauf, ob er oder sie Sie mit den Augen sucht, wenn Sie wieder auftauchen.

Lustige Bemerkungen sind stets beliebt, im Gegensatz zu abgestandenen Witzen. Größte Vorsicht bei Anzüglichkeiten! Die sind nur in Herrengesellschaft erlaubt oder wenn die Damen damit anfangen.

Bei einem Zwiegespräch merken wir sofort, wenn jemand nicht zuhört oder sich nach einem interessanteren Gesprächspartner umschaut. Vielleicht haben wir doch etwas zu ausführlich über den wöchentlichen Speiseplan der Kantine geredet? Oder dauernd nur »Hm« und »Tja« von uns gegeben? Nicken Sie deshalb im Gespräch öfter mit dem Kopf, öffnen Sie den Mund, sagen: »Genau!« und »Wirklich?« Fallen Sie Ihrem Gegenüber jedoch nicht rücksichtslos ins Wort, und nehmen Sie nicht jedes Gespräch als Gelegenheit, von sich selbst zu reden: »Da du gerade von deiner Arbeitslosigkeit sprichst …, ich habe mir diese Woche einen neuen Geländewagen gekauft.«

Aber auch nicht nur passiv zuhören. Bringen Sie sich ein, erzählen Sie Neuigkeiten aus der Schnittmenge der gemeinsamen Interessen, verbreiten Sie Klatsch, lästern Sie über Promis, reden Sie über Gefühle.

Frauen thematisieren gern Zwischenmenschliches. Männer, die als sensibel gelten wollen, haken regelmäßig alle zwei Minuten ein: »Und wie geht es dir damit?« »Was glaubst du, warum er das gemacht hat?« »Meinst du, das hat sie mit Absicht getan?« »Wie hättest du an seiner Stelle reagiert?«

Männer reden mit Vorliebe über ihren Job. Frauen, die als verständnisvoll gelten wollen, kommentieren den Redeschwall mit: »Ist das nicht unglaublich verantwortungsvoll?« »Was sagt dein Boss zu deinen großartigen Ideen?« »Warum bewirbst du dich nicht für den Chefposten?«

Männer hören gern zu, wenn Frauen über Sex reden.

Wenn Sie vom seichten Smalltalk in tiefere Gefilde überleiten wollen, vom Alltagsgeplauder in intimere Sphären wechseln möchten, ist Familie ein gutes Thema. »Hast du Geschwister?« »Wie oft siehst du deine Eltern? Verstehst du dich mit ihnen?« Da hat jeder etwas in sich brodeln, dieses Thema ist unerschöpflich, und beim Gespräch entsteht eine emotionale Beziehung.

Verabschieden Sie sich in Gesellschaft bei allen, mit denen Sie gesprochen haben.

Gespräche führen

Reden und Zuhören ist eine wechselseitige Angelegenheit wie beim Kaufen und Verkaufen. Manchmal ist Zuhören mehr wert als Reden, manchmal ist es andersherum. Bei diesem Handel bedeutet richtiges Benehmen, die eigenen Interessen auf angenehme Art wahrzunehmen, ohne den anderen zu übervorteilen. Es gibt Gesprächssituationen, in denen es uns nur darauf ankommt, dass es dem anderen gut geht. Andreas will unterhalten werden, Franziska möchte reden. Manchmal wollen wir in einem Gespräch auch etwas erreichen, müssen etwas durchsetzen. Eine völlig uneigennützige Höflichkeit wäre weltfremd. Deswegen muss man aber nicht zum Trampel mutieren.

Wir reden nicht nur mit Worten, sondern mit unserer ganzen Anwesenheit. Der Gesprächspartner registriert unsere Reaktionen, unsere Körperhaltung und unsere Mimik. Die besten Argumente verhallen ungehört, wenn wir sie leise nuschelnd vorbringen und dabei zu Boden blicken.

- Schauen Sie Ihrem Gegenüber in die Augen. Nehmen Sie die Sonnenbrille ab. Kauen Sie keinen Kaugummi. Die Zigarette raus aus dem Mund und die Hände aus den Hosentaschen.
- Stehen oder sitzen Sie ruhig und entspannt. Schweifen Sie nicht mit dem Blick ab. Vermeiden Sie nervöse Ticks wie Füßetrappeln, Fingerschnipsen, Haareschütteln.
- Lächeln. Lächeln. Lächeln.
- Lachen Sie über anderer Leute Witze.
- Beim Reden dürfen Sie durchaus die Hände bewegen, das signalisiert Engagement. Beim Zuhören halten Sie lieber still. Öffnen Sie leicht die Lippen, das signalisiert gebanntes Lauschen.
- Drehen Sie sich nicht ab, wenn jemand mit Ihnen spricht. Auch wenn er/sie Sie langweilt, kehren Sie ihm/ihr niemals den Rücken zu.
- Einem anderen ins Wort zu fallen wird allgemein als die größte Unhöflichkeit angesehen.

Die hohe Kunst der Unterhaltung

Mischen Sie sich nicht rücksichtslos in ein Gespräch ein. Warten Sie eine Weile stumm, fragen Sie sich selbstkritisch, bin ich willkommen, oder läuft da gerade etwas Intensives zwischen den beiden ab und ich störe nur? In diesem Fall ziehen Sie sich bitte dezent zurück. In eine allgemeine Unterhaltung, die harmlos vor sich hinplätschert, können Sie sich nach einer kleinen Anstandspause ruhig einschalten. Doch schieben Sie dabei nicht jemand anderen aus der Runde.

Unhöflich und kränkend ist es, Gesprächsangebote grob abzublocken. Es fällt Ihnen kein Zacken aus der Krone, ein paar freundliche Sätze zu wechseln. Kommt der andere Ihnen blöd und möchte Sie auf eine Swingerparty einladen, täuschen Sie Schwerhörigkeit vor und fragen, ob er Ihnen etwas zu trinken holen kann. Dann können Sie sich verkrümeln, ohne allzu unhöflich zu wirken.

Merken Sie sich unbedingt die Namen Ihrer Gesprächspartner. Vielleicht lächelt die nette Frau/der sympathische Mann nur süßsauer, weil Ihnen ihr oder sein Name entfallen ist, ein wenig beleidigt sind sie dennoch. Wiederholen Sie deshalb bei der Vorstellung den Namen der Person laut: »Nett, Sie endlich kennen zu lernen, Frau Bleuel.« Auf diese Weise wird Ihr Gedächtnis aktiviert. Nach ein paar Minuten überprüfen Sie die Runde: Wer war noch mal Christiane, Christine, Kerstin und Ina, Ines, Bine, Gina? Bauen Sie Eselsbrücken, indem Sie den Namen mit einem Merkmal kombinieren: der Brillen-Helmut, die Ohrring-Clara, der Krawatten-Schmidt. Natürlich nicht so ansprechen!

Hören Sie sich selber beim Reden zu. Fast jeder Mensch verwendet Füllselworte, die er permanent einfließen lässt: etwa, eigentlich, vielleicht, irgendwie, auf Deutsch gesagt, ein Stück weit, … Achten Sie bei sich und anderen darauf und versuchen Sie diese semantischen Wurmfortsätze zu vermeiden.

Häufige »Ähs« und »Hms« stören die Kraft der Rede. Trainieren Sie sich das ab.

Sagen Sie lieber »ich« als »man«, wenn Sie sich selbst meinen. Das ist ehrlicher und klingt sympathischer.

Vermeiden Sie Schachtelsätze. Fädeln Sie nicht an jeder Stelle, meist dort, wo es kritisch wird, einen Relativsatz ein. Wie Bundeskanzler Schröder, der, kaum fängt er einen Satz an, diesen, um ihn zu unterstützen, schon unterbricht, als würde er ihm, dem Satz bzw. seinem Gewicht, selbst nicht trauen und müsste ihn deshalb mit weiteren Argumenten wie mit Stützbalken absichern.

Reden Sie in ganzen Sätzen. Reden Sie in kurzen Sätzen.

Lassen Sie andere zu Wort kommen. Manche erzählen ungefragt. Andere brauchen eine Aufforderung. Selbst in Langweilern steckt eine spannende Geschichte. Wer nicht zuhören kann, erfährt nichts Neues. Wer sich für nichts Neues interessiert, ist geistig bereits in Rente.

Rechthaber sind lästig, selbst wenn sie Recht haben. Versteifen Sie sich nicht auf ein Thema. Lassen Sie die anderen in ihrem Glauben. Verzichten Sie auf ständige Verbesserungen und Neunmalklugheiten: »Nein, die zweite Auflage von Thomas Manns ›Der kleine Herr Friedemann‹ erschien nicht bei Collection Fischer, damals noch ohne S. vor dem Fischer, genau. Und es war das World Wide Web, das vom CERN in Genf entwickelt wurde, nicht das Internet. Und der Rhythmus-Gitarrist der New York Dolls hieß Sylvain Sylvain …«

Übertrumpfen Sie die anderen nicht. Desiree hat in Bad Kohlgrub Urlaub gemacht. »Als ich neulich in Madagaskar war, …« Jacqueline hat sich den Finger eingeklemmt. »Mich hat gestern eine Speikobra angespuckt.« Auch wenn es stimmt, auch wenn Sie stärkere Geschütze als die anderen auffahren können: Bleiben Sie bescheiden.

Erzählen Sie dieselbe Geschichte nicht zweimal derselben

Person. Hören Sie dagegen trotzdem aufmerksam zu, wenn Sie eine Geschichte bereits kennen.

Unterbricht man Sie, stoppen Sie mitten im Wort und beginnen denselben Satz bei der ersten Gelegenheit wieder am Anfang. Eine charmante, aber wirkungsvolle Art, sich gegen Unhöflichkeit zu wehren.

Der bekannte Theaterregisseur Bob Wilson nennt als größten Regelverstoß, zu jemanden zu sagen: »Das ist falsch!« Seine Strategie: Jemanden zu sagen, dass er oder sie Recht hat, wenn man erkennt, dass er oder sie im Unrecht ist. Ein interessanter Ansatz.

Garantiert deplaciert

»Wovon man nicht sprechen kann, darüber muss man schweigen« heißt es bei Ludwig Wittgenstein. Aber nicht von allem, von dem man sprechen kann, muss man unbedingt reden.

Folgende Sätze sind verboten: »Bist du schwanger?« »Hast du aufgehört zu rauchen?« (Beides heißt, man ist dick geworden.) »Du siehst aus wie …« Alle Vergleiche mit anderen Menschen sind riskant, auch wenn sie nett gemeint sind. Vergleiche mit Popstars, Sportlern oder Schauspielern können ebenfalls ziemlich danebengehen: »Jennifer Lopez ist doch eine Zicke!« »Brad Pitt?! Der ist doch total unmännlich!«

Niemals Nazi-Vergleiche anwenden. Ganz egal, ob ein Teilaspekt des Arguments zutreffen mag und Sie keinerlei böse Absicht hegen. Sie schaden nur Ihrem Argument, wenn Sie es historisch belasten. Nazi-Vergleiche haben oft einen relativierenden, rechtsradikalen oder antisemitischen Beigeschmack. Warum nicht ein anderes Beispiel verwenden? Die Geschichte hält einen reichhaltigen Fundus parat.

Diskutieren

Früher lernte man Fechten, um sich im Duell durchzusetzen. Heute benutzen wir stattdessen Argumente, die wir allerdings genauso wie ein Florett schwingen können, mit Finten, überraschenden Ausfällen und gewiefter Verteidigung. Damit Diskussionen, sei es in einer Talkshow oder bei Geschäftsverhandlungen, nicht zum Schlachtfeld werden, sollte man sich an bestimmte Regeln halten.

Die wichtigste Regel: Lassen Sie andere ausreden. Die zweitwichtigste: Bleiben Sie ruhig, wenn andere emotional werden. Mit einem eingeflochtenen »Das haben Sie gut ausgedrückt« gewinnen Sie einen Verbündeten oder nehmen einem Gegner den Wind aus den Segeln. Wenn Sie einen Vorstoß machen, eine unangenehme Sache lancieren wollen, benutzen Sie das umarmende Wörtchen »natürlich«. »Natürlich kann man eine Budgetkürzung nicht für alle Zeiten ausschließen.« »Natürlich hält ein Auto nicht ewig.« »Natürlich könnte ich auch mal eine andere Frau attraktiv finden.« Gegen dieses kleine Wörtchen ist fast kein Widerstand möglich, außer man stemmt die Hände in die Hüften und fragt: »Wieso ist das natürlich?«

Vermeiden Sie das Wort »aber«. Wenn Sie sagen: »Der Vorschlag ist nicht schlecht …«, hört jeder schon das Aber, das gleich folgen wird, und verschränkt innerlich die Arme. Lässt sich ein Einwand nicht umgehen, sagen Sie lieber »nur«. »Das ist ein guter Vorschlag. Nur …« Obwohl es das Gleiche aussagt, wirkt das Nur sanfter als ein Aber.

Es gibt kein Gesetz, das Sie verpflichtet, auf Ihnen missfallende Fragen und Argumente einzugehen. Wechseln Sie einfach das Thema. Oder haben Sie schon einmal einen Politiker erlebt, der in einer Talkshow eine Frage beantwortet hat? Sagen Sie einfach: »Sie haben Recht.« Oder: »Eine gute Frage.« Und reden dann einfach davon, was Ihnen wichtig ist. Die meisten werden gar nicht merken, dass Sie das Thema gewechselt haben.

Redet bei einer Konferenz jemand besonders nebelig, und Sie merken, auch andere verstehen nicht, was er meint, stellen Sie eine neutrale, klärende Frage, ohne den Sprecher zu beleidigen. Ihre Mitstreiter werden froh sein, dass Sie diese Aufgabe übernommen haben.

Lügen und Glauben

Lügen, die Unwahrheit sagen, schummeln, flunkern, etwas verschweigen, den anderen im Irrtum lassen, übertreiben, etwas felsenfest behaupten, von dem wir insgeheim nicht hundertprozentig wissen, ob es wirklich stimmt ... Die Abweichung von der Wahrheit hat viele Facetten.

Ein moralisches Gesetz verpflichtet uns, die Wahrheit zu sagen. Nichts als die Wahrheit. Glänzend und edel erscheint uns dieses Gesetz. Wie Metall. Aber das Leben ist anders. Kinder werden dauernd belogen: Es gibt keinen Weihnachtsmann. Der Hund heißt nicht Wauwau. Um ein Kind zu zeugen, muss man sich nicht lieben.

Die meisten Eheberater meinen, ein Seitensprung sollte nicht gebeichtet werden. Komplimente sind kein Ausdruck objektiver Wahrheit, sondern ein subjektiver Liebesbeweis. Film- und Literaturrezensenten übertreiben regelmäßig ihre Begeisterung, sonst würde niemand mehr ins Kino gehen oder zum lesenswerten Buch greifen.

Wann darf man lügen? Wenn es dem anderen mehr nützt als einem selbst. Schauen Sie ganz tief in sich hinein: Wollen Sie sich wirklich die nächsten Monate vor Eifersucht quälen? Glauben Sie wirklich, dass Sie eine ehrliche Antwort bekommen, wenn Sie fragen, ob Sie die schönste Frau der Welt sind? Möchten Sie wirklich Bücher lesen, die der Kritiker als »ganz gut« bezeichnet, deren Lektüre er Ihnen aber auch nicht ausdrücklich ans Herz legt?

Alle Menschen lügen. Ich stand drei Stunden im Stau (es waren 40 Minuten). Ich komme sofort (nachdem ich geduscht habe). Ich habe dich überhaupt nicht gesehen (ich war gar nicht da). Wir haben uns an einen diffusen Realitätsbegriff gewöhnt – bei uns selbst wie bei den anderen. Deshalb müssen Sie glaubhaft nicken, aber innerlich die Aussage mit der Pinzette anfassen. Das gilt besonders bei allem, was wir vom Hörensagen wissen: Alle finden den Film schlecht. Der Olaf mag die Karin nicht. Die Firma soll am Ende sein. Bevor Sie gutgläubig alles für bare Münze nehmen, fragen Sie sich erst: Wer sagt das? Woher weiß er das? Warum erzählt er mir das? Mit der Frage nach dem Motiv werden übrigens die meisten Verbrechen aufgeklärt: Cui bono? Wem nützt es?

Oft ist der Erzähler nicht selbst dabei gewesen, aber er weiß es von der Laura oder dem Julian. Bei dieser Art von stiller Post sickert in der Regel nur Negatives durch. Sie kennen das aus Privatgesprächen: »Wen findest du attraktiver, den Ludwig oder den Wolfgang?« Wenn Sie dann »Wolfgang« sagen, unterstellt man Ihnen, Sie würden auf Wolfgang stehen. Und ein Dritter würde daraus machen: Mit Sabine und ihrem Freund sieht es nicht gut aus, denn die Sabine ist hinter Wolfgang her.

Glauben Sie niemals negative Aussagen, wenn diese nicht mindestens aus zwei Quellen stammen. Viele Menschen tendieren nämlich dazu, etwas, woran sie nicht selbst ruhmreich beteiligt sind, schlecht zu machen. Es gibt auch eine Lust an der Katastrophe: Das Projekt ist am Scheitern. Das wird nicht gut ausgehen. Alles ist sinnlos. Dahinter steckt oft eine gewisse Trägheit, sich zu engagieren, etwas zu riskieren. Außerdem ist man im Fall einer Enttäuschung (das Projekt geht wirklich schief) auf der richtigen Seite. Klappt die Sache jedoch, kann man sich mitfreuen. Versuchen Sie, klar zwischen Stimmungen, Neid und Tatsachen zu unterscheiden. Bohren Sie nach: »Warst du dabei?« »Wurde das wortwörtlich so gesagt?« »Was meinen die Befürworter des Projekts?«

Als wahrheitsliebender Mensch sollten Sie nichts weitererzählen, was Sie nicht aus mindestens zwei unabhängigen Quellen erfahren haben. Vielleicht können Sie dem Drang nicht widerstehen, eine urkomische Klatschgeschichte zu verbreiten, aber bei geschäftsschädigenden Kolportagen, wenn Liebesglück und Erfolg anderer Menschen auf dem Spiel stehen, müssen Sie sich am Riemen reißen. Auch wenn Sie dabei beinahe platzen.

Streit

Bei jeder Auseinandersetzung gibt es Regeln. Beim privaten Zwist und beim beruflichen Streit. Egal ob mit der Ehefrau, dem Vater, dem intriganten Arbeitskollegen, dem Chef oder dem Banker, der einem den Überziehungskredit kürzt. Und es gibt Grenzen. Die Gürtellinie, unter die man nicht schlagen darf, verläuft natürlich bei jedem anders. Doch ein kleiner Hinweis: Dem Liebsten entgegenzuschleudern, »Du bist ganz wie dein Vater«, ist oft ein schlimmer Treffer. Auch eine Frau möchte eher nicht mit ihrer Mutter verglichen werden. Die Kompetenz im Beruf und beim Autofahren anzuzweifeln kann ebenfalls überaus heftige Reaktionen auslösen.

Ein Streit muss nicht in der absoluten Niederlage eines der Kontrahenten enden. Es ist nicht notwendig, sämtliche Argumente und jede Kränkung aufzuzählen. Es muss nicht reiner Tisch gemacht werden. Denn wer soll danach noch von dem Tisch essen? Heben Sie sich lieber etwas für später auf. Das schmeichelt auch Ihrem eigenen Ego: Ich war so großzügig und habe nicht noch dieses und jenes vorgebracht. Hätte ich durchaus machen können, aber nein, wir sind ja nicht so.

In einem Streit muss nicht unbedingt alles ein für alle Mal geklärt werden. Es reicht, wenn man seine Position rausknurrt, so wie ein Löwe sein Revier markiert, und den anderen auch mal brüllen lässt. Und dann lässt man es gut sein.

Bei einem Streit verbeißt man sich leicht, steht in Flammen, ist unzurechnungsfähig. Nicht nur Sie, auch der andere. Versuchen Sie einmal als Übung, den anderen ausreden zu lassen. Soll sie/er sich doch völlig verausgaben. Bis nichts mehr zu sagen ist. Heizen Sie das Feuer nicht durch Widerspruch an. Wenn die Gegenseite fertig ist, fragen Sie sich: Ist es jetzt nötig, dass ich antworte? Oder belassen wir es dabei?

Kritik zu üben und zu ertragen ist gleichermaßen nicht leicht. Stellen Sie sich vor, wie Sie die Vorwürfe, die Sie gegen jemanden erheben wollen, aufnehmen würden, wenn sie gegen Sie selbst gerichtet wären. Versuchen Sie die Kritik auf einen Teil der Person zu beschränken: deine Unpünktlichkeit, dein fehlendes Selbstwertgefühl, deine Art, mit Kritik umzugehen. Vermeiden Sie herabsetzende Wörter wie »blöd«, »wehleidig«, »total ungeschickt«, »komplett irre«. Sind Sie dagegen die Zielscheibe von Kritik, loten Sie die Argumente des anderen aus. Wiederholen sich die Vorwürfe? Was ist das Schlimmste? Was sitzt am tiefsten? Normalerweise stürzen wir uns auf die Beleidigungen, auf die Übertreibungen. Versuchen Sie das zu ignorieren, und konzentrieren Sie sich möglichst auf den Kern der Vorhaltungen.

Ihre Wut steigt? Sie wollen auf diese Unverschämtheiten antworten, alles klarstellen? Zugegeben, es ist schwierig – aber probieren Sie es mit Ruhe. Zwingen Sie sich, noch zehn Sekunden durchzuhalten. Atmen Sie tief durch. Beobachten Sie die Körpersprache des anderen. Das hilft, sich aus der Situation zu befreien. Sie sehen das Ganze dann mit Abstand, so als ob es gestern geschehen wäre. Und schon kochen Sie auf kleinerer Flamme.

Vorwürfe nutzen sich mit der Zeit ab. Es ist Gift für die Beziehung, wenn Sie dem Partner noch nach zehn Jahren einen Seitensprung vorwerfen und die alten Geschichten immer und immer wieder aufs Tapet bringen. Wenn Sie den Partner damals nicht verlassen haben, dann muss die Sache irgendwann einmal erledigt sein. Außerdem ist es unhygienisch, alten Dreck Jahrzehnte mit sich herumzuschleppen.

Bei einem beruflichen Streit kommt es nicht darauf an, Recht zu haben und Recht zu bekommen. Es muss eine Lösung gefunden werden. Denn Sie müssen weiter zusammenarbeiten – mit der schrecklichen Kollegin, dem blöden Chef. Verrammeln Sie also nicht die Türen und zünden das Mobiliar an. Versuchen Sie Vorwürfe nicht als Angriff auf Ihre ganze Person zu beziehen, auch wenn sie so klingen oder gar so gemeint sind. »Sie sind ein absolutes Arschloch!« Darauf reagieren Sie: »Äh, nachdem wir das geklärt haben, wenden wir uns jetzt der Zukunft zu.«

Sie sollen etwas tun, wozu Sie keine Lust haben? Jemand möchte die ausgemachten Bedingungen ändern? Man macht Ihnen Vorhaltungen? Geben Sie zur Antwort: »Darüber werde ich nachdenken.« Eine prompte Entgegnung oder ein Wutanfall könnte Ihnen später Leid tun. Vielleicht erledigt sich das Problem ja auch von selbst. Oder Ihnen fällt am nächsten Tag eine Lösung ein.

Schreiben Sie keine zornigen Briefe! Die triefen nur vor Selbstgerechtigkeit und zerdeppern unnötig Porzellan. Da wird in einem großen Aufwasch der andere zur Schnecke gemacht, was eine Versöhnung erschwert. Bei einem persönlichen Gespräch, am besten nicht am Telefon, sondern von Auge zu Auge, können Sie dem anderen die Meinung sagen und dabei auf Körpersprache, Einwände und halbe Eingeständnisse reagieren. Bei einem Brief nicht.

Erhalten Sie einen solchen Brief, rufen Sie an und bitten

um eine Aussprache. Sie möchten nämlich auf die Vorwürfe eingehen, aber nur in einem persönlichen Gespräch, nicht am Telefon oder schriftlich. Bei einem Treffen besänftigen Sie den anderen mit halben Eingeständnissen, nehmen die Kritik an oder tun wenigstens so, indem Sie sagen: »Ich will darüber nachdenken.« Sie sind nicht verpflichtet, Punkt für Punkt jeden Vorwurf zu entkräften.

Das ist unfair

»Schrei nicht so!« – »Du schreist ja selber!« – »Dann schreien wir jetzt mal zusammen: Uuuh!« – »Du nimmst mich nicht ernst!« – »Genau.« Sich bei einem Streit über den anderen lustig zu machen ist wie Öl ins Feuer zu gießen.

»Du, das ist doch wohl dein Problem ...« Dieser Satz war in den 70er-Jahren äußerst populär und wirkt wie Teflon: Alles gleitet daran ab. Es ist schließlich nur dein Problem, wenn es dich stört, dass die Toilette nicht geputzt ist.

Manipulationssätze geben Vorwürfe zurück wie beim Tischtennis: »Denk mal über deine Blockade nach, warum du verrückt spielst, wenn ich zu spät komme.« Weitere Favoriten sind: »Hattest du nicht öfter damit schon Schwierigkeiten?« »Ich glaube, das ist ein Muster von dir.« »Du redest schon wie mein Ex.« Der Satz »Du hast ja Besitzansprüche!« (das Wort Besitzansprüche wird ausgesprochen, als wäre es eine ansteckende Krankheit) wird gern kombiniert mit: »Ich brauche meine Freiheit.« Volltreffer sind auch: »Das will ich mir nicht anhören.« »So kann ich nicht leben/arbeiten.« »Was glaubst du, wie es mir damit geht?«

Ein ebenfalls wirkungsvolles Manöver ist, auf eine eigentlich gute Argumentation ein willkürliches »Ich glaube, da vermischt du jetzt was« einzuwerfen. Das hat den gleichen Effekt wie eine Nebelkerze.

Eines ist uns noch geblieben: dem anderen die ganze Schuld zuschieben. Denken Sie einmal ehrlich darüber nach, wann Sie das letzte Mal »Es tut mir Leid« gesagt haben. Ihnen fällt keine Gelegenheit ein? Sie hatten immer Recht? Herzlichen Glückwunsch, dann sind wir schon zwei.

Körpersprache

Mit unserer Mimik und Gestik signalisieren wir unserer Umwelt oft unbewusst, was wir von ihr halten. Beobachten Sie einmal ein Pärchen an einem Tisch und raten Sie, was sich zwischen den beiden gerade abspielt. Oder schalten Sie bei einer Talkshow den Ton ab und achten Sie auf die Zeichen, die die Teilnehmer aussenden: Wer ist ungeduldig, gelangweilt, getroffen? Wer reagiert aggressiv? Wer heuchelt Gleichgültigkeit?

Mit Körpersprache kann man genauso unhöflich sein wie mit derben Beschimpfungen. Häufig merken wir gar nicht, was wir den anderen jenseits von Sprache mitteilen. Beobachten Sie sich selbst: Was mache ich, und was bedeutet das. Und will ich das wirklich?

Gesicht ziehen

Eine junge Frau sitzt in der U-Bahn, ein anderer Fahrgast will sich neben sie setzen, aber da liegt ihr Rucksack. Sie zieht ein entnervtes Gesicht und nimmt den Rucksack auf den Schoß. Dasselbe Gesicht findet man, wenn Raucher gebeten werden, doch lieber nicht zu rauchen, wenn im Büro Aufgaben verteilt werden, kurzum, wenn die eigene Bequemlichkeit gestört wird. Ein solches Gesicht kommt schlecht an, wenn das Anliegen berechtigt ist. Vermeiden Sie die genervte Mimik bitte. Sie gelten sonst als verwöhntes Früchtchen und machen Ihre Mitmenschen wütend.

Augen-Blicke

Wir merken sofort, wenn unser Gesprächspartner nur für eine Sekunde den Blick abschweifen lässt, deuten das als mangelnde Aufmerksamkeit und sind beleidigt.

Lehrer lassen oft den so genannten Scheibenwischerblick über die Klasse gleiten, um alle im Auge zu haben, alles zu kontrollieren und jedem das Gefühl der direkten Ansprache zu geben.

Redner und Schauspieler suchen sich oft eine Person im Publikum aus, die sie ansprechen. Dadurch wirken sie konzentriert, und das ganze Auditorium fühlt sich persönlich gemeint.

Hände, Füße und der Rest des Körpers

Unsere Gestik können wir weitaus besser kontrollieren als unsere Mimik. Mit ein bisschen Selbstbeobachtung können wir einige Ticks abstellen.

- Vermeiden Sie Übersprungshandlungen, das sind Gesten, mit denen wir in Stresssituationen unsere Nervosität entladen: Finger reiben, Kopf kratzen, Bart streichen, mit einem Stift spielen. Man sieht Ihnen dann genau das an, was Sie eigentlich verbergen wollen, nämlich dass Sie angespannt und unsicher sind.
- Wer die Arme vor der Brust verschränkt, demonstriert Abwehr, was in Gesprächen gar nicht gut ankommt. Mit den Händen vor der Brust hingegen beteuern wir eine Herzensangelegenheit.
- Den Kopf zum Sprechenden gebeugt, signalisiert zwar Aufmerksamkeit und Ergebenheit, der andere kann durch Geradesitzen jedoch seine Macht ausspielen. Wenn Sie also je-

manden überzeugen wollen, verharren Sie nicht zu lange in dieser Demutshaltung.

- Sich das Kinn streicheln gilt als Geste der Nachdenklichkeit und wirkt positiv aufmerksam.
- Wer stehend die Hände vor dem Schoß faltet, fühlt sich sichtbar unwohl: Wohin mit den Händen, was mache ich hier?
- Herabbaumelnde Arme, die die Schultern gleich mit hinunterziehen, machen einen schlappen, hilflosen Eindruck.
- Die Hände hinter dem Rücken gefaltet, wie es Pastoren gern tun, wirkt etwas verschlossen und überheblich.
- Mit in die Hüfte gestemmten Händen wollen wir imponieren oder uns entrüsten.
- Eine Hand in der Hosentasche, während die andere locker die Rede unterstreicht, wirkt lässig bis herablassend. Wenn Sie jedoch die Arme leicht im Ellbogen anwinkeln, wie zu einer Bewegung ansetzen, dann wirken Sie positiv engagiert.
- Ein gutes Mittel, um alle vereinnahmenden und manipulierenden Gesten zu vermeiden, ist ausreichende Distanz, Geradestehen und natürliche Körpergröße. Letzteres hängt leider nicht von unserem Willen ab. Auch mit weit ausholenden Gesten zeigt man an, dass man sich sicher fühlt. Starkes Gestikulieren hingegen gilt in Nordeuropa als Zeichen von schlechter Kinderstube.

Verlassen Sie sich jedoch nicht zu sehr auf die hier aufgeführten »Übersetzungen«, es gibt kein eindeutiges Wörterbuch der Körpersprache. Die beste Lesart besteht darin, aufmerksam seine Umgebung zu beobachten. Und sich selbst.

Distanz

Wie viel Raum beanspruche ich? Wie viel Abstand möchte ich wahren, um mich wohl zu fühlen? Man unterscheidet dabei vier Distanzzonen: die öffentliche, die gesellschaftliche, die persönliche und die intime. Die öffentliche Zone beginnt bei Abständen von über 4 Metern und gewährt größte körperliche Unabhängigkeit. Die Zone der gesellschaftlichen Distanz, die von 1,5 bis 4 Meter reicht, lässt sich oft im Berufsleben beobachten, zum Beispiel im Umgang zwischen Chef und Mitarbeitern. Kommt ein Mensch näher als 1,5 Meter, erreicht er meine persönliche Zone. Das ist die richtige Distanz für Gespräche. Wer sich auf 35 Zentimeter nähert, betritt meine Intimzone. Ab da wird es aggressiv, vertraut oder zärtlich.

Interessanterweise sind diese Distanzzonen kulturell verschieden. Stehen zwei sich unbekannte Afrikaner vor demselben Schaufenster, wahren sie einen größeren Abstand als Europäer, Araber und Juden einen geringeren. Südeuropäer rücken sich näher als Nordeuropäer. Das Eindringen eines Unbekannten in die Intimsphäre wird allgemein als unhöflich und aufdringlich empfunden, auch wenn es dem anderen mit seinem kulturell unterschiedlichen Distanzgefühl gar nicht bewusst ist.

Schreiben

»Ich habe niemals Höhlen gegraben und Vogelnester gesucht, niemals botanisiert und mit Steinen nach den Vögeln geworfen. Aber die Bücher waren meine Vögel und meine Nester, meine Haustiere, mein Stall und mein Gelände; die Bücherei war die Welt im Spiegel; sie hatte deren unendliche Dichte, Vielfalt und Unvorhersehbarkeit.«

Jean-Paul Sartre: »Die Wörter« (Autobiografie)

Die Beförderungsbestimmungen im öffentlichen Nahverkehr von Mannheim sind länger als das babylonische Großepos »Gilgamesch«, das älteste bekannte Werk der Weltliteratur. Im Landratsamt von Hildesheim sitzt ein Angestellter, der den ganzen Tag nichts anderes tut, als die täglich eintreffenden neuen Bestimmungen für das Baurecht abzuheften. Wenn Sie in einer Internet-Suchmaschine Begriffe wie »Lobotomy«, »Gürtellinse« oder »Beuteltiger« eingeben, erhalten Sie zwischen 17 und 300 000 Treffer. Und auf den meisten Websites steht das Gleiche.

Jedes Jahr – oder war es jeden Monat? – verdoppelt sich die verfügbare Menge an Informationen. Wer soll das alles nur lesen? Und wann? Wir haben kaum noch Zeit, uns etwas Neues auszudenken, weil wir permanent damit beschäftigt sind, alte Information ins Gedächtnis zu rufen, zu verknüpfen und zu archivieren.

Zum Glück gibt es Strategien, den Überfluss an Text zu bewältigen. Längere Zeitungsartikel beginnen meist mit einem amüsanten oder spannenden Einstieg, einer reportageartigen Anekdote oder einer philosophischen Betrachtung. Die harten Fakten, die eigentliche Geschichte, finden Sie im zweiten Absatz. Wenn Sie keine Zeit für den journalistischen Firlefanz haben, legen Sie eine Streichholzschachtel (bei der »Zeit« eine Zigarettenschachtel) über den Anfang des Artikels und lesen nur den zweiten Absatz. Und dann noch den Schluss. So haben Sie den Text auf seine wichtigsten Informationen konzentriert.

Leider funktioniert diese Methode nicht bei Gebrauchsanweisungen. Die beginnen stets mit Warnungen: Vor dem Zusammenklappen des Kinderwagens das Baby herausnehmen. Die Druckerpatrone besteht aus nicht essbarem Material. Erst nach 20 Seiten (unter 100 Seiten gibt es noch nicht einmal eine Gebrauchsanleitung für Toaster) stößt man auf die erste wichtige Information.

Steuerbescheide und andere bürokratische Verwaltungsschreiben ignorieren hartnäckig jedes Übersichtlichkeitsprinzip. Erst nachdem wir über sämtliche Widerspruchsmöglichkeiten und Ausnahmen für freiberufliche Binnenschifffahrtslotsen mit ausländischem Wohnsitz aufgeklärt wurden, erfahren wir irgendwo im vierseitigen Fließtext versteckt, wie viel wir nachzahlen müssen.

Machen Sie es besser, wenn Sie etwas schreiben. Achten Sie auf Prägnanz, Lesbarkeit und Übersichtlichkeit.

Briefe

Persönliche Briefe, Liebesbriefe, Kondolenzschreiben sollten Sie mit der Hand schreiben. Wenn Sie eine unleserliche Handschrift haben, geben Sie sich etwas Mühe, schreiben Sie langsam und eventuell in Druckbuchstaben.

Fallen Sie nicht gleich mit der Tür ins Haus. Schreiben Sie zu Beginn, was sich seit dem letzten Kontakt getan hat, womit Sie gerade beschäftigt sind, woran Sie im Moment denken. Erkundigen Sie sich nach den Anliegen des Empfängers: Was macht die Katze? Die Gesundheit? Der Hausbau? Grüßen Sie stets die gesamte Familie, und richten Sie Ihrerseits Grüße aus.

Form und Stil

Geschäftliche Briefe verfassen Sie am Computer. Briefe an Behörden und Firmen, die ihre Korrespondenz abheften, sollten nur einseitig beschrieben werden. Am Rand sollte Platz für eine Lochung sein.

Briefe werden normalerweise auf Din-A4-Papier geschrieben, natürlich hochkant. Ein ordentlicher Brief hält sich in der formalen Gliederung an die Drittel-Regel. Bei vorgedrucktem Geschäftspapier finden Sie an der linken Seite deshalb zwei winzige Striche, um diesem üblichen Layout und Faltsystem zu folgen. Auch wenn Briefe nicht gefaltet werden, zum Beispiel das Bewerbungsanschreiben, sollte diese Aufteilung gelten. Verzichten Sie beim Briefkopf lieber auf Ihre Telefon-, Faxnummer oder E-Mail-Adresse, um die Drittel-Regel einzuhalten.

Im oberen Drittel stehen Absender, Datum, Anschrift und Anrede. Die Zeile »Liebe/r ...« bzw. »Sehr geehrte/r ...« sollte gerade noch sichtbar sein, wenn Sie den Briefbogen zweimal falten. Auf keinen Fall darf die Anrede auf dem Falz liegen. Denn den Brief steckt man so in den länglichen Umschlag, dass den Empfänger als Erstes der Briefkopf anlächelt. Briefe werden also nicht eingeschlagen, sondern in Ziehharmonikaform gefaltet.

Zuerst schreiben Sie Ihren Vor- und Nachnamen, Straße und Wohnort, eventuell Telefon, Fax, E-Mail. Getrennt durch mindestens zwei Leerzeilen folgt die ebenso vollständige Anschrift des Empfängers. Bei freundschaftlichen Briefen können diese Angaben entfallen. Nach zwei oder drei Zeilen Abstand stehen rechts Ort und Datum, auch bei persönlichen Briefen und Postkarten.

Darunter kommt die Betreffzeile. Darin teilen Sie in Geschäftsangelegenheiten kurz den Anlass Ihres Briefes mit: »Ihr Schreiben/Ihre Stellenanzeige/Rechnungsnummer XY«. Das Wörtchen »Betreff« brauchen Sie nicht dazuzuschreiben, das ist aus der Mode gekommen.

Nach einem kleinen Abstand folgt die Begrüßung. Bei persönlichen Briefen stets ein »Lieber …« bzw. »Liebe …«, auch wenn Sie nicht so eng verbunden sind. Möchten Sie Distanz wahren, schreiben Sie den Nachnamen dazu: »Lieber Gernot Wolter«.

Geschäftsbriefe beginnen mit »Sehr geehrte/r …« Kennen Sie den Ansprechpartner nicht, zum Beispiel bei einer Behörde, schreiben Sie »Sehr geehrte Damen und Herren«. Vorzuziehen ist auf jeden Fall die namentliche Anrede. Dann landet der Brief auf dem richtigen Schreibtisch, und Sie können sich bei einer Nachfrage darauf berufen. Merken Sie sich deshalb das Datum Ihres Briefes, denn damit können Sie der Empfangsperson auf die Sprünge helfen.

Bei mehr als einem Empfänger gebührt der Frau der erste Platz in der Anrede, ansonsten geht es nach dem Alphabet der Nachnamen oder ist willkürlich. Ehefrauen werden nicht mehr mit »… und Gemahlin/Gattin« als anonymes Anhängsel in die Anrede mit einbezogen, sondern haben einen eigenen Namen. Titel wie Professor, Doktor gehören zur korrekten Anrede, je nach Förmlichkeit entfallen sie aber im weiteren Text.

Nach der Anrede setzt man ein Komma und beginnt nach einer Leerzeile mit kleinem Anfangsbuchstaben den eigentlichen Brief. Dafür sind die beiden unteren Drittel des Papiers vorgesehen.

Fangen Sie bitte nicht mit »ich« an. Auch ein »hiermit« wirkt steif. Behördenbriefe und E-Mails dürfen sehr kurz sein. Verwenden Sie bei Bitten und Anfragen den Konjunktiv: »... würde ich mich freuen, wenn Sie meinem Anliegen entsprechen könnten.« Bei Terminvorschlägen geben Sie einen Zeitrahmen an und entschuldigen sich, falls dieser sehr eng gesteckt ist: »Wir bitten um Ihr Verständnis, dass wir Ihre Zusage bereits zum ... (Datum angeben, nicht »übermorgen« schreiben) benötigen, und entschuldigen/bedanken uns für die damit verbundene Mühe.« Ein weiterer brauchbarer Standardsatz: »Sollten Sie noch Fragen haben, wenden Sie sich bitte jederzeit an mich.«

Vermeiden Sie Doppelungen. Es reicht, wenn Sie »bitte«, »bitten«, »würde mich freuen« etc. nur einmal in einem Schreiben verwenden. Lösen Sie Substantive möglichst in Verben auf. Die Formulierung »Um die Beantwortung der Frage ersuche ich Sie mit Nachdruck« klingt wesentlich schwerfälliger und bürokratischer als: »Ich bitte Sie nachdrücklich, meine Frage zu beantworten.« Jedes Substantiv mit der Endung »ung« lässt sich in ein Verb umwandeln. Das wirkt lebendiger.

Am Ende des Textes lassen Sie wieder mindestens zwei Leerzeilen frei, bei kurzen Briefen kann es ruhig mehr Platz sein, denn die Grußformel gehört in das untere Drittel. Unter »Mit freundlichen Grüßen« unterschreiben Sie handschriftlich, eventuell setzen Sie in Klammern Ihren Namen in Maschinenschrift darunter. Rechnung müssen nicht unterschrieben werden.

Fall Sie dem Schreiben Unterlagen beifügen, vermerken Sie das unter der Unterschrift, und zwar wie das Datum rechts: »zwei Anlagen«. Zeugnisse oder weiterberechnete Quittungen nur als Fotokopie beilegen.

Der gesamte Text sollte ausgewogen über das ganze Blatt verteilt sein. Auch bei kurzen Briefen sollte die ganze Seite beschrieben aussehen, da heißt es dann großzügig mit dem Platz und dem Zeilenabstand umgehen. Bei langen Briefen den Text nicht quetschen, sondern lieber eine zweite Seite beschreiben.

Verschicken Sie nur tadellos saubere Briefe und keine verschmierten Ausdrucke. Umschläge dürfen natürlich nicht zerknittert sein, die Adresse muss vollständig sein, inklusive der richtigen Postleitzahl. Und, ganz wichtig: Der Name des Empfängers ist absolut korrekt zu schreiben! Ein »Helmuth« ist kein »Helmut«, eine »Frau Schlumpp« ist keine »Frau Schlummp«. Bei Post ins Ausland gehört ein »D« vor die Postleitzahl Ihrer Absenderadresse.

Frankieren Sie den Brief ausreichend, kleben Sie die Briefmarke rechts oben und richtig herum auf, entfernen Sie die Randstreifen und erfreuen Sie den Empfänger mit hübschen Sondermarken.

Für besondere Briefe machen sich gefütterte Umschläge und edleres Papier, beispielsweise elfenbeinfarbenes 100-Gramm-Papier, gut.

E-Mail und Nettiquette

Für Mails gelten im Prinzip dieselben Regeln wie beim Brief. Bei der Anrede darf es auch mal ein »Hallo« sein. Eine Empfängeradresse erübrigt sich, die eigene Absenderadresse (Firmenname, Straße, Ort, Telefonnummer) wird als Letztes unter »Mit freundlichen Grüßen« gesetzt. Im Geschäftsbereich dienen Mails oft als kurze Nachricht, im Hin und Her kann die förmliche Begrüßung wegfallen. Auch wenn elektronische Briefe salopper formuliert sein können, sollte auf korrekte Rechtschreibung geachtet werden. Das misslingt allerdings häufig, da E-Mails schnell geschrieben werden und oftmals ohne das gewohnte Rechtschreibprogramm des Computers auskommen müssen.

E-Mails sollten an und für sich innerhalb von 24 oder 48 Stunden beantwortet werden; ein kurzes »Nachricht erhalten, melde mich sobald wie möglich« reicht aus. Doch gerade Adressaten, die sehr viele Mails mit Angeboten und Anfragen erhalten, gehen damit nachlässig um. Wichtige Briefe, insbesondere Bitten und Auftragswünsche, werden ernster genommen, wenn sie auf Papier per Post ankommen. Auf der anderen Seite sind Mails eine gute Erinnerung an Telefonate, Briefe und Termine.

Für Kritik und Streit eignet sich Mailen nicht, auch wenn es bequem ist. Bei Problemen greift man besser zum Telefonhörer.

- Treiben Sie keinen grafischen Aufwand, Ihr künstlerisches Talent wird nicht von jedem Mailserver erkannt.

- Respektieren Sie Zeit und Kosten des Empfängers. Nicht jeder hat einen DSL-Anschluss. Hängen Sie nicht an jede E-Mail Babyfotos.

- Füllen Sie immer die Betreffzeile aus, und zwar so, dass der Empfänger eine Mail eindeutig zuordnen kann. Viren werden oftmals als Mails mit dubioser Betreffzeile verschickt.

- Wenn Sie gleich lautende E-Mails an mehrere Personen versenden, sollten die einzelnen Empfänger nicht die komplette Adressatenliste miterhalten. Nicht jeder ist darauf erpicht, dass die halbe Welt seine E-Mail-Adresse erfährt.

- Es ist sinnlos, E-Mails ohne direkten Ansprechpartner an eine große Firma zu schicken. Sie werden kaum Antwort bekommen, wenn Sie an Info@whitehouse.us schreiben.

- Bei Diskussionsrunden und in Chatrooms sollten Sie den dort üblichen Ton beherrschen. Bleiben Sie eine Weile still, bevor Sie sich einmischen. Stellen Sie keine dummen Fragen, die in diesem Forum seit Jahren erledigt sind.

- In Chatrooms bewegen sich seltsame Zeitgenossen. Wundern Sie sich also nicht, wenn es zu absurden Diskussionen über Verschwörungstheorien, Macintosh versus MS-DOS, Veganertum und Todesstrafe kommt. Machen Sie sich auf Meldungen gefasst wie: »Was du da sagst, ist Schnee von gestern. Schon 2003 stand es in Wire/Usenet/der koreanischen Gebrauchsanleitung für importierte grüne Spielzeugdinosaurier!« – Diskussionsrunden sind gesteckt voll mit Besserwissern und selbst ernannten Propheten. Flammen signalisieren Streit. Manche dieser Flamewars sind recht lustig, drehen sich aber nach dem 13. Posting im Kreis. Beiträge sollten kurz sein, bei Diskussionen etwa 60 Zeichen, und sollten ohne Scrollen gelesen werden können.

- In Flirtrooms und Datingclubs brauchen Sie einen ansprechenden Decknamen. »LadySade« hat bessere Chancen als ein geschlechtsloses »Piju«, »Karl23« lässt durchblicken, dass er 23 Jahre alt ist. Verschicken Sie keine Nacktaufnahmen; das Foto eines Beines, Ihre Rückenansicht macht die Sache spannender. Wenn Sie sich ITRW (In The Real World) treffen möchten, suchen Sie sich einen belebten Platz aus, und verabreden Sie sich lieber nicht für 3 Uhr nachts an Kai 4 im Containerhafen.

Ikons & Abkürzungen im Web

:-)	Lächeln, war nur Spaß
:-(	Traurig, schade
;-)	Verstanden? Ein Witz
:-O	Ah! Schock!
:-()	Muss davon reden
:-D	Großes Grinsen
I-0	Gähn!
:-P	Bäh!
:-] oder :-}	Sarkasmus
%-)	Verwirrt, betrunken
%-(	Verwirrt und traurig
:'-(	Weinen
:'-)	Weinen vor Glück
*	Kuss
{} oder []	Umarmung
{{{***}}}	Umarmung und Küsse
ASAP	As soon as possible (So schnell wie möglich)
CU	See you (Bis bald)
CU2	See you too (Ebenfalls bis bald)
FAQ	Frequently asked questions (Häufig gestellte Fragen)
ROFL	Rolling on the floor with laughter (Ich kringel mich vor Lachen)

In der Dienstleistungs-gesellschaft

»If you pay peanuts, you get monkeys.«
Altes Gorilla-Sprichwort

Der Bus ist gesteckt voll. Eine alte Dame schwankt in einer Kurve und stößt mich dabei aus Versehen. Sie entschuldigt sich: »Wissen Sie, ich bin schwerbehindert.« »Warum setzen Sie sich dann nicht?« »Ach, die Jugend von heute!« Ich stupse einen etwa zwölfjährigen Jungen an und frage, ob er nicht aufstehen will. Er gehorcht sofort, ohne zu murren oder ein Gesicht zu ziehen. Er wusste einfach nicht, wie man sich verhält. Niemand hat es ihm beigebracht.

Plötzlich sehe ich die Welt mit anderen Augen: Die Rüpel sind lediglich schüchterne Zeitgenossen, die Ohren und Augen zuklappen und schlichtweg keine Ahnung haben, ob man dem Schornsteinfeger Trinkgeld gibt (nein, aber den Männern von der Müllabfuhr), wie man den Wanderer in den Bergen grüßt (»Grüß Gott«) oder wie man der Verkäuferin begegnet (Man sagt »Guten Tag« bzw. »Ich schau mich erst einmal um«.).

Beim Arzt

Kommen Sie pünktlich. Sie dürfen das aber auch vom Arzt erwarten. Bei einem vereinbarten Termin sollten Sie nicht länger als eine halbe Stunde warten müssen. Ein Arzt, der keinen

Respekt vor der Zeit seiner Patienten hat, ist auch in der Diagnose nachlässig. Im Wartezimmer grüßt der Ankommende die anderen Wartenden.

Schildern Sie ernst, ohne zu übertreiben oder zu untertreiben, Ihre Symptome. Ärzte halten Kranke oft für wehleidige Hypochonder, womit sie manchmal Recht haben. Niemals darf man Ärzten mit einer eigenen Diagnose kommen! »Ich glaube, ich habe eine Lungenentzündung« – der automatische Reflex jedes Arztes ist dann, auf Gedeih und Verderb eine andere Krankheit zu finden. Schließlich hat er Medizin studiert und nicht Sie.

Erklärt der Mediziner etwas, hören Sie ihm zu. Sagen Sie nicht: »Ich weiß.« Wenn alles so einfach wäre, dass Sie es schon wissen, wäre es ja nichts Besonderes. In letzter Zeit schauen die Ärzte leider oft nur noch in ihren Computer und nicht mehr in die Augen der Patienten. Versuchen Sie, ihn mit Fragen abzulenken, damit er Sie wieder wahrnimmt.

Ärzte: Während der Visite nicht in den Computer starren, wir sind ja nicht beim Online-Doktor!

Bei Behörden

»Vor dem Gesetz steht ein Türhüter. Zu diesem Türhüter kommt ein Mann vom Lande und bittet um Eintritt in das Gesetz. Aber der Türhüter sagt, dass er ihm jetzt den Eintritt nicht gewähren könne …«

So schlimm wie in Kafkas Erzählung »Vor dem Gesetz« ist es zum Glück nicht, wenn wir unsere Lohnsteuerkarte abholen, unseren Ausweis verlängern oder unser Auto anmelden wollen. Erkundigen Sie sich beim Pförtner, wo Sie hinmüssen. Ziehen Sie als Erstes eine Nummer, wenn es einen dieser Kartenspender im Wartebereich gibt, und schauen Sie sich dann nach Formularen um, die Sie eventuell ausfüllen müssen.

Klopfen Sie vor dem Eintreten an die Tür. Herrscht dort ständiger Publikumsverkehr, können Sie nach dem Anklopfen eintreten, ohne auf ein »Herein« zu warten. Ansonsten warten Sie, bis man Sie hineinbittet oder Ihnen »Einen Augenblick bitte« entgegenhält. Im Zweifelsfall klopfen Sie einmal kräftig, aber nicht zu laut und warten zwei Sekunden. Hören Sie nichts, können Sie hineingehen. Wenn man Sie anschnauzt, sind Sie vermutlich in Berlin. Entschuldigen Sie sich trotzdem.

Stellen Sie sich vor: »Guten Tag, mein Name ist …« und erklären Sie Ihr Anliegen kurz und vollständig. Aber immer nur eine Sache auf einmal.

Bleiben Sie höflich, auch wenn es Ihnen nicht schnell genug geht, und unterbrechen Sie Ihr Gegenüber nicht. Fragen Sie nach, wenn Sie etwas nicht verstanden haben. Wann muss ich wieder kommen, wann ist der Vorgang bearbeitet? Gibt es eine Alternative?

Erregen Sie sich nicht, treten Sie nicht wütend an den Schalter, werden Sie nicht laut. Es ist immer jemand anders schuld als die Person, mit der Sie es gerade zu tun haben.

Bedanken Sie sich zum Schluss.

Wenn Handwerker kommen

Endlich sind sie da, die Maler, Fliesenleger, Waschmaschinenmonteure. Freundlich machen wir ihnen die Tür auf und stehen danach dumm im Weg herum. Oder wir haben zumindest das Gefühl, im Weg zu stehen. Dabei gibt es keinen Grund, verlegen zu sein – der Mann vom Abflussdienst hat schon ganz andere Waschbecken gesehen und weiß, was er zu tun hat.

Zeigen Sie dem Handwerker den Ort, wo er arbeiten soll. »Brauchen Sie sonst noch etwas?« Lassen Sie ihn dann in Ruhe sein Werk tun. Nach einer Stunde schauen Sie einmal vorbei, macht er es richtig? Und fragen nach, ob alles in Ordnung ist.

Bei längeren Arbeiten können Sie ihm etwas zu trinken anbieten: Wasser, Saft oder Kaffee, nach mehrtägigem Werkeln am Ende gern auch ein paar Bier, kaltes Bier.

Normalerweise gibt man Handwerkern kein Trinkgeld. Wenn sie jedoch einen Extraservice geboten haben oder Samstagnachmittag gekommen sind, kann man schon mal einen 10-Euro-Schein zustecken. Umzugshelfer mit Getränken versorgen und bei Barzahlung etwas drauflegen.

Unter Obern und Kellnern

Die korrekte Anrede lautet »Herr Ober«. Wenn der Ober eine Frau ist, sagen Sie nicht »Frau Oberin« zu ihr – sie ist ja nicht die leitende Nonne in einem Kloster – und auch nicht »Fräulein«. Halten Sie die Hand hoch, suchen Sie Augenkontakt und rufen Sie »Entschuldigung« (nicht »Hallo«), wenn sie in der Nähe ist. Wird das Essen serviert, reicht es, einmal »Danke« zu sagen. Sie müssen sich nicht bei jedem Nachschenken bedanken.

Es ist der Kellner, der serviert, nicht Sie. Und er räumt auch wieder ab. Keine Teller, volle oder leer gegessene, weiterreichen, zusammenräumen oder dem Kellner übergeben.

Schlechtes Essen lassen Sie mit Begründung, aber freundlich zurückgehen. Gutes Essen loben Sie.

Geben Sie 10 Prozent Trinkgeld.

Bei der Polizei

Polizisten leben in einer eigenen Welt. Tag für Tag streifen sie durch die Ränder der Gesellschaft, sie kennen nur häuslichen Streit, Fahrraddiebstahl und verwirrte Menschen, die komische Geschichten erzählen. Deshalb behandeln sie ihre Umwelt so, als würde jeder sie anlügen, hätten alle etwas ausgefressen oder seien verrückt. Beim Umgang mit Polizisten ist es daher entscheidend, nicht in dieses Raster zu fallen.

Treten Sie seriös und distanziert auf. Bei Streitereien neigt die Polizei dazu, dem ruhigeren Part zu glauben. Wollen Sie eine Zeugenaussage machen, beispielsweise zu einem Unfallhergang, bleiben Sie unaufgeregt und sachlich. Wenn Sie sich zu sehr aufdrängen, schalten die Beamten ab. Widerspruch können Polizeibeamte ebenfalls nicht leiden, vermeiden Sie möglichst jede Konfrontation. Erwarten Sie keinen Dank von der Polizei. Fragen Sie nicht zu viel, möglichst gar nichts. Verbitten Sie sich das Du.

Polizisten: Siezen Sie bitte auch unsere ausländischen Mitbürger! Alle. Zu jeder Zeit.

Mit Verkäufern

Als Kunde sind Sie zwar König, das bedeutet aber nicht, das Personal so zu behandeln, als wäre es die Ware, die es verkauft. Reagieren Sie auf ein »Guten Tag«, begrüßen Sie die Verkäufer ebenfalls und sagen Sie »Bitte« und »Danke«. Schauen Sie ihnen in die Augen.

Verkäufer: Der Kunde ist König! Nicht erst andere Sachen erledigen, immer erst den Kunden bedienen.

Mit der Putzfrau

Zwei häufige Fehler sollten Sie beim Umgang mit Ihrer Reinigungskraft vermeiden: Sie ist kein gefühlloser Arbeitsroboter, der froh sein darf, einen Gönner gefunden zu haben, der ihr Arbeit gibt. Sie müssen sich nicht aus einem schlechten Gewissen heraus, dass jemand anders Ihren Dreck wegmacht, bei ihr entschuldigen, sie mit Kaffee bewirten und mit Kleidern beschenken.

Seien Sie höflich und korrekt. Wechseln Sie ein paar freundliche Sätze. Sagen Sie ihr, was zu tun ist. Welche Reinigungsutensilien braucht sie? Kaufen Sie ihr neue Gummihandschuhe, Lappen, Schwämme. Fragen Sie, ob sie bügelt, Fenster putzt, das Bett bezieht. Vermeiden Sie reine Befehle und behandeln Sie sie nicht wie einen Kretin. Viele ausländische Putzhilfen haben eine ordentliche Ausbildung. Bezahlen Sie sie vernünftig und nicht am untersten Limit. Ein- oder zweimal im Jahr können Sie ihr eine Extragratifikation zukommen lassen.

Wenn Sie mit der Arbeit nicht zufrieden sind, äußern Sie Ihre Wünsche sachlich: »Könnten Sie den Staub auch hinter den Schränken saugen?« »Würden Sie diesmal die Bücher abstauben?« Putzfrauen siezt man übrigens, auch wenn man sie mit dem Vornamen anredet: »Monika, könnten Sie nächste Woche eine Stunde länger kommen?« Als Arbeitgeber bleibt man Herr und Frau Schröter.

Bei Prostituierten

Behandeln Sie die Damen höflich und respektvoll. Benutzen Sie keine obszönen Worte zur Begrüßung. Kommen Sie sauber gewaschen und nicht betrunken. Sagen Sie freundlich und klar, was Sie wünschen, und fragen Sie nach dem Preis. Küsse auf den Mund sind meist unerwünscht. Kondome sind Pflicht. Verlangen Sie nie Ihr Geld zurück, sondern geben Sie hinterher 10 Prozent Trinkgeld.

Unter anderen

»Als ich ins Zandeland fuhr, hatte ich keinerlei Interesse an Hexerei, dafür aber die Zande. Ich musste mich also von ihnen führen lassen. Als ich ins Nuerland fuhr, hatte ich kein besonderes Interesse an Kühen, dafür aber die Nuer. Infolgedessen musste ich mich wohl oder übel mit Kühen befassen.«

Edward E. Evans-Pritchard, Ethnologe

Deutschland liegt praktischerweise in der Mitte Europas, von hier hat man es nicht sehr weit woandershin. Andersherum gilt das auch. Deshalb ziehen seit Jahrtausenden Völker über Rhein, Donau und Oder, von Ost nach West, von Süden nach Norden und vice versa. Sachsen, Alemannen, Kelten, Slawen, Römer und in ihrem Gefolge zwangsverpflichtete syrische Bartzupfer, albanische Bärenjäger und spanische Tanzlehrer. Später folgten Hugenotten, Polen, Italiener, russische Aussiedler, Türken und Amerikaner. Sie brachten uns Kanalisation, Nudeln, Christentum, Eisenverhüttung, Glasbläserei, Demokratie, Kartoffeln …

Ausländer haben aus Deutschland ein Land gemacht, in dem man auf der Straße Kaffee trinkt, gut Fußball spielt, sich Luftküsse gibt, statt die Hacken zusammenzuschlagen, Tauben züchtet, zum Krapfen auch Pfannkuchen oder Berliner sagt, kurzum, Deutschland ist seit jeher eine multikulturelle Einwanderungsgesellschaft.

Deutsche sind natürlich auch in alle Himmelsrichtungen ausgewandert. In den USA, in Südamerika und in Namibia gibt es heute noch deutsche Kulturinseln mit Polka, Oktoberfest und Männerchören, die »Am Brunnen vor dem Tore« singen. Die Jeans wurde von einem fränkischen Juden aus Buttenheim erfunden. Es war ein Deutscher, der »Amerika« zuerst auf eine Landkarte schrieb, und das Wort »Dollar« entspringt dem deutschen »Taler«. Heute ist Deutschland Exportweltmeister und hat dank BMW und Beckenbauer ein gutes Ansehen in der Welt.

Mit jeder neuen Einwanderungsgruppe kommt ein neuer Trend nach Deutschland: Breakdance, Russendisko, Klezmer. Und, ob man es will oder nicht, die Neuen haben andere Sitten. Manche davon legen sie mit der Zeit ab, andere werden in den großen Eintopf unserer Gesellschaft aufgenommen. Ein höflicher Mensch – und das ist es ja, was wir werden wollen – respektiert diese Sitten, solange sie nicht den eigenen Werten fundamental widersprechen. Es fällt niemanden ein Zacken aus der Krone, wenn er sich in türkischen Wohnungen die Schuhe auszieht. Es hilft zu wissen, dass Araber und Juden manchmal mit dem Zeigefinger gegen das Brustbein ihres Gesprächspartners klopfen und dass es keine Beleidigung, sondern Ausdruck von Respekt ist, wenn ein Muslim einer Frau nicht die Hand gibt.

Tatsächlich. Nicht alle Menschen leben so wie wir selbst, auch wenn es im Bekanntenkreis so ausschaut. Ein Blick auf die Straße untermauert dies. Und zwar nicht auf die Straße vor unserer Haustür, sondern in einer Umgebung, in die man sich sonst nie verirrt.

Ausländische Arbeitskollegen

Lernen Sie die Namen der ausländischen Kollegen aussprechen. Es ist außerordentlich unhöflich, nach drei Monaten noch immer nicht den polnischen oder vietnamesischen Namen korrekt und flüssig über die Lippen zu bringen.

Reden Sie kein Ausländer-Deutsch: »Du können nicht hören, was ich dir sagen? Nix versteh'n? Saupreiß, türkischer!« Antworten Sie auch dann in korrekter Grammatik, wenn Ihr Gegenüber in gebrochenem Deutsch Infinitive aneinander reiht.

Afrikaner, Afroamerikaner, Schwarze

Wie nennt man wen? Ein Afrikaner ist ein Afrikaner, das ist einfach. Ein Amerikaner mit afrikanischen Vorfahren bezeichnet sich meist als Afroamerikaner. Andere bestehen darauf, dass sie einfach Amerikaner sind, ohne diese Vorsilbe. Untereinander grüßen sie sich als »brother« und »sister«, was für Weiße aber tabu ist. Ebenso die Bezeichnung »Neger« und auch »Farbiger«, ein altes Wort aus der Apartheid. Von »Mulatte« oder »Mischling« zu reden ist ebenfalls absolut verpönt. »Dunkelhäutig« sagt man auch nicht, das ist nur heuchlerisch.

Wir vermeiden also möglichst die Erwähnung des höheren Pigmentanteils, und wenn es sich doch nicht umgehen lässt, weil es sonst zu verklemmt klingen würde (»Der Boxer mit der leicht dunkleren Hose«), dann ist es »ein Schwarzer«/»eine Schwarze« oder besser adjektivisch: »der schwarze Ingenieur«, »die schwarze Schneiderin«.

Sind der Ingenieur und die Schneiderin Deutsche, sagt man ebenfalls »Schwarze«, wenn es nötig ist, die Hautfarbe extra zu erwähnen. Es wäre ein wenig komisch, jemand als Afrodeutschen zu bezeichnen, dessen Vater schwarzer Amerikaner ist. Und ein Afro-Ameriko-Deutscher oder Ami-Afro-

Deutscher ist dann doch zu viel der Ahnenforschung für den kleinen Erik und die kleine Susanne im Kindergarten. Generell gilt: Wer einen deutschen Pass besitzt, ist ein Deutscher – egal woher seine Ururgroßeltern stammen.

Türken

Ein Teil der türkischen Bevölkerung hat einen deutschen Pass, andere, aus patriotischen, bürokratischen oder erbrechtlichen Gründen, keinen; als Deutschländerwürstchen würden sie Opas Häuschen am Bosporus nicht erben dürfen. Die meisten Türken mit deutschem Pass haben kein Problem, wenn man sie weiter Türken nennt, solange man sie nicht als Ausländer betrachtet, sondern als ethnisch-kulturelle Gruppe wie etwa Friesen oder Sorben.

Unter den in Deutschland lebenden Türken gibt es viele Kurden, insgesamt ist die türkische Gemeinschaft zersplittert in sehr religiöse Muslime, Kemalisten, Aleviten, Anatolier und Istanbuler, Kommunisten, Konservative und Liberale. Kein strenger Muslim würde in einem alevitischen Gemüseladen einkaufen. Aber das muss uns nicht weiter kümmern. Um höfliches Verhalten im Umgang mit unseren türkischen Mitbürgern sollten Sie sich dagegen schon kümmern:

Ziehen Sie die Schuhe aus, wenn Sie eine Moschee betreten. Das gilt auch für türkische Wohnungen.

Ältere und würdige Türken erwarten, dass man sie anspricht, schüchterne Zurückhaltung gilt als unhöflich.

Auch nichtreligiöse Türken essen kein Schweinefleisch. Bedenken Sie das, wenn Sie Pizza für alle ordern: bitte ohne Schinken.

Es schadet nicht, sich in der Geschichte des Osmanischen Reiches auszukennen. Vermeiden Sie aber das Thema »Armenier«, für dieses dunkle Kapitel ist die Zeit noch nicht reif.

Einige türkische Höflichkeitsfloskeln

Allah bağ işlasin (»Möge Gott es gewähren«):
Hoffentlich geht alles gut.

Kolay gelsin! (»Möge es leicht gehen!«):
Gutes Gelingen!

Bendeniz (»Ihr Sklave«): Sehr ergeben.

Estağ furullah (»Ich bitte Gott um Verzeihung«):
Macht nichts, kein Problem.

Geçmiş olsun (»Möge es vergangen sein«):
Gesundheit! Gute Besserung.

Başiniz sağ olsun (»Möge Ihr Kopf gesund sein«):
Herzliches Beileid.

Juden

Die jüdischen Gemeinden in Deutschland haben rund 100 000 Mitglieder und viele kulturelle Wurzeln. Die Mehrheit der Juden stammt inzwischen aus der ehemaligen Sowjetunion. Viele der russischen Juden beschäftigen sich kaum mit jüdischer Religion und Kultur und fühlen sich in erster Linie russisch, obwohl sie gerade deshalb ausgewandert sind, weil sie in Russland nicht als Russen galten. In Deutschland hingegen werden sie oft als Russen bezeichnet. Dasselbe gilt übrigens auch für (nichtjüdische) Deutschrussen.

Die nächstgrößere Gruppe der in Deutschland lebenden Juden stammt ursprünglich aus Osteuropa. Sie bzw. ihre Eltern oder Großeltern haben nach 1945 hier eine neue Bleibe gefunden. Das deutsche Judentum ist längst in der Minderheit.

Sind nun deutsche Juden Deutsche? Natürlich, auch wenn sich manche der Älteren »Juden in Deutschland« oder »Frankfurter Juden« nennen, also die Identifikation als jüdische Deutsche oder deutsche Juden vermeiden. Aber deswegen sind sie keine Ausländer oder Israelis – ein peinlicher Fauxpas, der vielen Nichtjuden in einer Mischung aus Ignoranz und Berührungsangst unterläuft.

Verkrampfen Sie beim Umgang mit Juden nicht. Bekennen Sie nicht ständig, dass Ihre Eltern oder Großeltern keine Nazis waren und Sie keine Schuld an der Vergangenheit tragen, vermeiden Sie aber auch philosemitische Schwärmereien für Klezmer und Kabbala.

Wenn Sie einen Juden oder eine Jüdin näher kennen lernen, fragen Sie ruhig nach dem Schicksal der Eltern oder Großeltern, und hören Sie einfach nur zu, ohne irgendetwas als Beschuldigung aufzufassen. Sie müssen weder das damalige noch das heutige Deutschland verteidigen. Zuhören, ohne zu kommentieren, reicht völlig.

Die meisten Juden haben ein besonderes Verhältnis zum Staat Israel. Bei aller Solidarität mit Israel sehen viele unserer jüdischen Mitbürger die jeweilige Regierung durchaus kritisch. Bei einer Diskussion über den Nahostkonflikt verteidigen sie jedoch Israel meist (wenn Sie genau hinhören, weniger die israelische Regierung). Versuchen Sie bei einer Diskussion über dieses Thema, wenn Sie schon eine führen wollen oder müssen (warum eigentlich?), eine Lösung für die Zukunft zu erfragen und lassen Sie die Schuldfrage und welche Seite mehr leidet oder bornierter ist, beiseite. Diese Debatten entwickeln oft einen klaustrophobischen Sog, als ob das Schicksal der Welt davon abhinge, dass Daniel, Horst, Miriam und Brigitte hier einer Meinung wären.

Niemals, niemals jedoch dürfen bei einer Diskussion über den Konflikt zwischen Israelis und Palästinensern Nazi-Vergleiche herangezogen werden. Solche zu Recht als antisemitisch gebrandmarkten Vergleiche sind überdies historisch falsch, dumm, unsensibel, gedankenlos, verletzend und dürfen auch in Diskussionen, an denen keine Juden teilnehmen, nicht auftauchen oder geduldet werden, auch nicht von Arabern.

Das Wort »koscher« hat wohl jeder schon einmal gehört; es hängt mit den jüdischen Speisevorschriften zusammen und bedeutet so viel wie »rein«. Koschere Küche kann sehr kompliziert sein, unter anderem mit einem Kühlschrank für Fleischigem und einem für Milchigem. Aber das praktizieren die wenigsten Juden in Deutschland. Als Gastgeber werden Sie kaum in das Dilemma geraten, für einen orthodoxen Juden ein streng koscheres Mahl zu bereiten. Fragen Sie in jedem Fall Ihren jüdischen Gast, ob er alles isst: Schweinefleisch (ist nicht koscher), Meeresfrüchte (Schalen- und Krustentiere sind nicht koscher), Cordon bleu (Milchiges darf nicht mit Fleischigem in Berührung kommen).

Wenn Freitag nach Sonnenuntergang der Sabbat, der wöchentliche jüdische Ruhe- und Feiertag, beginnt, bleiben religiöse Juden zu Hause.

Homosexuelle

Homosexuelle Männer nennen sich selbst und untereinander meist »schwul« und »Schwule«. Jeder andere sollte die Bezeichnung »homosexuell« bzw. »Homosexuelle« verwenden. Homosexuellen werden trotz einer inzwischen größeren Liberalität der Gesellschaft noch immer Vorurteile entgegengebracht. Auch wenn es unter ihnen einige mit femininem Gebaren gibt, verbieten sich Schwulenwitze von Heterosexuellen (die besten Witze machen sowieso die Schwulen selbst) oder Bezeichnungen wie »Tunte«. Bringen Sie in Gegenwart von Homosexuellen das Gespräch nicht zwanghaft auf Themen wie »Homo-Ehe« (Sie fragen doch auch Heterosexuelle nicht ohne direkten Anlass nach deren Heiratsabsichten), Aids (weltweit sind von dieser Krankheit inzwischen mehr Heterosexuelle als Homosexuelle betroffen) oder Outing (Sie wissen ja bereits, dass Ihr Freund oder Bekannter homosexuell ist) und stellen Sie keine Fragen nach ihrem Sexualleben (das würde Ihnen bei jedem anderen schließlich auch nicht einfallen).

Verhalten Sie sich gegenüber Homosexuellen ganz normal. Wie bei jedem anderen Menschen ist nicht jede Körperberührung eine Anmache. Es ist also absolut lächerlich, zusammenzuzucken, wenn ein Homosexueller Ihnen auf die Schulter klopft.

Menschen mit Behinderungen

»Krüppel« ist ein zu Recht verpönter Ausdruck. Auch das Wort »Behinderter« sollte man durch »Rollstuhlfahrerin«, »Querschnittsgelähmter«, »Taubstumme« oder »Blinder« ersetzen, je nachdem, was zutrifft. Der Begriff »mongoloid« wird ebenfalls nicht mehr verwendet, die Betroffenen sind Menschen mit Down-Syndrom.

Starren Sie Menschen, die eine Behinderung haben, nicht an. Flüstern Sie nicht in deren Gegenwart. Das gilt auch für Groß- und Kleinwüchsige, Menschen mit Hautkrankheiten und Stotterer. Geben Sie sich andererseits auch nicht übertrieben fürsorglich. Reden Sie mit diesen Leuten nicht wie mit kleinen Kindern.

Die meisten Rollstuhlfahrer und Sehbehinderten bitten um Hilfe, wenn sie welche brauchen. Drängen Sie sich nicht auf. Nur wenn Sie merken, dass jemand hilflos umherirrt, fragen Sie, ob Sie helfen können. Lassen Sie sich erklären, was zu tun ist. Erwarten Sie kein großes Gespräch, sondern nur ein »Danke«. Dann geht jeder wieder seiner Wege.

Lernen Sie zum Beispiel einen Rollstuhlfahrer kennen, dürfen Sie ihn nach einer Weile ruhig fragen, was die Ursache seiner Behinderung ist oder seit wann er im Rollstuhl sitzt. Oder Sie erkundigen sich, ob die blinde Frau noch etwas erkennen kann. Fragen Sie interessiert, aber in sachlicher Weise, vermeiden Sie dabei den Mitleidston. Wenn Ihre Neugier gestillt ist, können Sie sich wieder jedem anderen Gesprächsthema zuwenden.

In der Fremde

»Als deutscher Tourist im Ausland steht man vor der Frage, ob man sich anständig benehmen muss oder ob schon deutsche Touristen da gewesen sind.«

Kurt Tucholsky

Im Ausland sind Sie zu Besuch, auch wenn Sie bezahlen. Dementsprechend sollten Sie sich wie ein Gast verhalten. Am Swimmingpool der Hotelanlage können Sie mit Batikshorts, Socken in Sandalen, ohne Büstenhalter und im Stringtanga herumlaufen, aber nicht in dem angrenzenden Städtchen, auf dem Markt, am Flughafen.

Andere Nationen haben andere Vorstellungen von Nachtruhe, Höflichkeit und Pünktlichkeit. Wer auf einer Nachtfähre in Afrika übersetzt, sollte sich nicht beschweren, wenn um 6 Uhr morgens ein Palaver anfängt. Wer in Indien mit dem Bus fährt, wird vielleicht von einer mitreisenden Ziege angepinkelt. Auf den Abfahrtsplan von Sammeltaxis kann man sich nicht verlassen. Sich darüber aufzuregen gilt als unhöflich und ist außerdem völlig sinnlos.

Bei Tierquälerei sollten Sie sich nicht einmischen. Ihr Protest ändert nichts – sobald Sie wegsehen, passiert das Gleiche wieder. Überall auf der Welt. In ärmeren Ländern versteht man nicht, wie sich die Reichen über das Elend von Pferden,

Hunden und Eseln aufregen, gleichzeitig aber ungerührt hinnehmen, dass die Menschen an Flussblindheit und an Eiweißmangel leiden.

Tugenden eines Reisenden

Vermeiden Sie Bestechung. Wenn Sie in eine Verkehrskontrolle geraten und der Polizist für eine angebliche Verletzung von Vorschriften Geld von Ihnen fordert, bleiben Sie freundlich und stur. Verlangen Sie eine Quittung oder nach dem Vorgesetzten. Es mag zwar bequemer sein und schneller gehen, eine kleine Summe abzugeben, doch jeder gelungene Versuch vergrößert das Übel. Mit etwas Geduld kommt man oft umsonst davon.

Empören Sie sich nicht zu sehr, wenn man Ihnen höhere Preise abverlangt. Sie ruinieren sich sonst den Urlaub. Einen gewissen Aufschlag können Sie großzügig akzeptieren. Wenn man Ihnen das Vierfache abknöpft, behalten Sie trotzdem gute Laune und Gelassenheit und versuchen Sie einen niedrigeren Preis auszuhandeln. Erkundigen Sie sich vorher, welche Preise angemessen sind, und machen Sie es sich nicht zur Ehrensache, nur die lokal üblichen Preise zu zahlen. Auf dem Markusplatz in Venedig lassen Sie ja auch 10 Euro für einen Espresso springen, weil es so auf der Karte steht. Dann können Sie auch woanders 20 Cent mehr für ein Mittagessen bezahlen als der einheimische Busfahrer.

Auf ausländischen Geldscheinen sind oft die aktuellen Herrscher abgebildet. Deren Konterfei sollten Sie respektieren. Also den Schein nicht knicken, verbrennen, mutwillig einreißen oder drauftreten. Das kann als Majestätsbeleidigung strafrechtlich verfolgt werden und ist auf jeden Fall kränkend. Auch mit Geld ohne Königsporträt sollte man nie verächtlich umgehen.

In muslimischen Ländern vermeidet man in Gesellschaft den Körperkontakt zwischen den Geschlechtern, auch bei der Begrüßung. Deshalb mit dem Kopf nicken, statt sich die Hand geben.

Erwähnen Sie im Ausland keine vergangenen Kriege und Bürgerkriege. Der Zweite Weltkrieg ist in Holland, Polen, Japan, Italien und Österreich ein sehr sensibles Thema. Auch die kommunistischen Regimes in Osteuropa, die Kurden- und Armenienfrage in der Türkei, Kaschmir, das Baskenland sind keine geselligen Gesprächsthemen wie bei uns Gewerkschaft oder Spitzensteuersatz. Vermeiden Sie den Satz: »Bei uns in Deutschland …«

Versuchen Sie ein paar Worte und Wendungen in der Landessprache zu lernen. Überfallen Sie nicht jeden Passanten mit Deutsch, Englisch oder Französisch. Fragen Sie vorher: »Sprechen Sie Englisch?«

Holländer hassen es, für Deutsche gehalten zu werden, Österreicher ebenfalls. Koreaner darf man nie mit Japanern verwechseln und diese nicht mit Koreanern oder Chinesen. Griechen und Türken können sich ebenso wenig ausstehen wie Inder und Pakistani. Mit Polen und Tschechen lässt es sich gut über Russen schimpfen. Iren und Schotten sind keine Engländer, und in ganz Skandinavien will man nichts mit den Schweden zu tun haben. Außer in Schweden natürlich.

In Europa

- In Holland nicht automatisch deutsch reden, auch wenn es die meisten verstehen. Beginnen Sie mit Englisch.

- Wenn Sie in einer holländischen Familie zum Kaffee eingeladen sind, nur ein Stück Gebäck nehmen, sonst gelten Sie als gierig.

- In Großbritannien bringt man Kranken keine Blumen mit, das riecht nach Beerdigung.
- In britischen Pubs bestellt man Runden, und nicht nur für sich selbst. Jeder beteiligt sich reihum und unaufgefordert an diesem Ritual. Im Pub gibt es meist keine Bedienung, und man bestellt am Tresen. Händeschütteln, Schulterklopfen ist verpönt, ironisches Understatement beliebt.
- In Großbritannien besucht man die Sauna in Badekleidung. (Auch in Nordamerika geht man nicht nackt in die Sauna.)
- Österreicher erwähnen bei der Begrüßung den Titel oder den Beruf: Ingenieur, Magister, Inspektor, Doktor.
- Respektieren Sie die ungewohnten Bezeichnungen auf der österreichischen Speisekarte: Tomaten heißen dort Paradeiser, Bohnen Fisolen, Kartoffeln Erdäpfel und Mais Kukuruz.
- In Frankreich gibt man sich unter Freunden drei Luftküsse, regional manchmal nur zwei. (In Brasilien machen das die Frauen auch.)
- Schweden duzen sich meist schnell, die Kleidung ist leger. Pünktlichkeit ist ein Muss, eine kleine Dankesrede nach der Essenseinladung gehört zum guten Ton.
- In russischen Zügen teilt man sein Essen mit dem ganzen Abteil. Essen und trinken Sie mit, und steuern Sie selbst etwas bei. Angebrochene Flaschen müssen geleert werden. Wenden Sie niemals irgendjemanden die Schuhsohlen zu, kein Bein auf das Knie legen oder gar die Füße auf den Sitz.

- In Russland tragen die Männer das Gepäck und die Einkaufstüten der Frauen, sie zahlen im Restaurant. Jackett nur ausziehen, wenn man vorher gefragt hat.
- In russisch-orthodoxen Kirchen sollten Frauen ihren Kopf mit einem Tuch bedecken und möglichst keine Hosen und schon gar nicht kurze Röcke tragen. Männer nehmen den Hut ab.

In Asien

- Visitenkarten, auf denen der Name, die Firma und die Stellung steht, sollte in Asien jeder, ob Tourist oder Geschäftsmann, dabeihaben, am besten mit Übersetzung in die Landessprache auf der Rückseite. So werden bei der Begrüßung die Karten getauscht: Die Fäuste sind locker geballt, die Karte klemmt zwischen Daumen und Zeigefinger, beide Daumen liegen also an der Breitseite über der waagerecht gehaltenen Karte. Mit einem leichten Kopfnicken bietet man die Karte an und erhält auf gleiche Weise die seines Gegenübers, die man mit beiden Händen entgegennimmt. Ganz wichtig ist, sich die empfangene Karte anzusehen. Eventuell legt man sie beim Gespräch vor sich auf den Tisch. Später steckt man sie in die Brieftasche, keinesfalls in die Hosentasche. Niemals die Karte in Gegenwart des anderen knicken, beschreiben oder sich damit die Fingernägel reinigen.
- Frauen sollten unbedingt einen Büstenhalter tragen. BHs von zu Hause mitnehmen, da Sie in Asien mit den kleineren Größen Probleme haben könnten.
- Nicht öffentlich küssen. Das gilt als Pornografie. Noch heute küssen sich die Liebenden in indischen Filmen nicht.

- Kirchen, Tempel, Synagogen, Moscheen generell nicht in Shorts oder ärmellosen Tops betreten.
- Taschentücher gelten als eklig: seinen Rotz in der Tasche herumschleppen!
- Japaner verbeugen sich bei der Begrüßung. Der Jüngere, in seiner Karriere noch nicht so weit vorangekommene tiefer als der Ältere und Erfahrenere. Der Handschlag mit Ausländern fällt eher lasch aus.
- Ein »Nein« gilt in Japan als unhöflich und wird durch ein zögerliches »Ja« ersetzt. Vermeiden Sie also rigorose Verneinungen, und nehmen Sie ein Ja nicht für eine verbindliche Zusage. Ersparen Sie Ihrem japanischen Freund durch anders formulierte Fragen Peinlichkeiten. Statt »Sehen wir uns morgen?« sagen Sie: »Ich hoffe, wir sehen uns bald wieder.« So kann er mit einem nichts sagenden »Ja« antworten oder einen konkreten Termin vorschlagen.
- Ziehen Sie Ihre Schuhe in japanischen (und auch in schwedischen!) Wohnungen aus. Ebenso macht man es in muslimischen Wohnungen (also auch dann, wenn Sie in Deutschland bei Türken zu Gast sind).
- Trinkgeld ist in Japan unüblich.
- Koteletten, Tätowierungen und weiße Autos gelten als Zeichen für Yakuza, der japanischen Mafia.
- In Japan und China kein weißes Geschenkpapier verwenden – Weiß ist die Farbe des Todes.
- Mit Chinesen können Sie nur indirekt über Politik reden. Fragen Sie, was die neue Führung anders (nicht: »besser«!) macht als die alte. Tabu sind die Themen Menschenrechte, Demokratiebewegung und Dissidenten. Gute Gesprächs-

themen sind die Welthandelsorganisation WTO, die Olympischen Spiele 2008 in Peking und die Konkurrenz zwischen Shanghai, Beijing und Guangdong (Kanton).

- Die Chinesen sind sehr stolz auf ihre Kultur, europäische und amerikanische Besserwisserei ist eine ständige Erinnerung an erlittene Schmach. Chinesen sind die härtesten Geschäftsleute der Welt. Und sie sind nicht zurückhaltend und höflich. Das sind die Japaner.

- In Thailand ist es unschicklich, Kindern den Kopf zu tätscheln. Lassen Sie niemanden Ihre Fußsohlen sehen; auch unbeabsichtigtes Zeigen, etwa bei übergeschlagenen Füßen, gilt als beleidigend.

- In Thailand, Malaysia und Indonesien gibt es nur zu speziellen Gerichten Stäbchen. In diesen Ländern wird mit Löffel in der rechten und Gabel in der linken Hand gegessen.

- In Indien und arabischen Ländern lehnt man Einladungen, Getränke, Essen erst dreimal ab, bevor man annimmt. Bieten Sie Ihrem indischen Gast also mehrmals etwas an, auch wenn er Nein sagt.

In Amerika

- In südamerikanischen Ländern tragen Männer keine Shorts. (Auch in Afrika und in islamischen Ländern macht man sich damit lächerlich.)

- In Südamerika wird später zu Mittag gegessen, und danach hält man Siesta. Mit der Zeit gehen die Lateinamerikaner großzügig um.

- In Argentinien sollten Sie nicht auf der Straße essen.

- Brasilianer legen großen Wert auf korrekte Kleidung.
- In Mexiko wird das Salzfass nicht weitergereicht, weil das Unglück bringt.
- Niemals als Zeichen für »okay« bzw. »fein« Zeigefinger und Daumen zu einem Ring formen. Diese Geste gilt als obszön.
- In den USA werden Sie schnell nach Ihrem Vornamen gefragt. Das entspricht aber nicht unserem Du. Amerikaner sind gastfreundlich, hilfsbereit, prüde und oft sehr religiös. Über das eigene Gehalt zu reden ist üblich, auch das schnelle »What are you doing for a living?«

In Afrika

- Afrikaner achten sehr auf gepflegte Kleidung. Auf Unverständnis und Ablehnung stoßen bei Behörden und Gastgebern ungeputzte Schuhe, zerknitterte Hemden und löchrige Jeans von Touristen aus reichen Ländern. Bringen Sie mindestens ein gutes Hemd mit und eine Krawatte. Europäische Frauen, die sich traditionelle afrikanische Kleider anziehen, sind zwar bei den Schneiderinnen beliebt, hinter ihrem Rücken schüttelt man jedoch den Kopf.
- Frauen sollten in Afrika in der Öffentlichkeit keine Männer kritisieren, weder den eigenen noch andere. Hinter geschlossenen Türen ist dagegen alles erlaubt.
- Augenkontakt gilt bei vielen Afrikanern und auch bei schwarzen Amerikanern als aggressiv. Lassen Sie deshalb den Blick nur flüchtig streifen, bewegen Sie den Kopf, und wundern Sie sich nicht, wenn Ihr Gesprächspartner seine Sonnenbrille aufbehält.

- Gespräche beginnen mit Smalltalk. »Comment ça va?« – »Ça va bien.« Plaudern Sie ein wenig, bevor Sie zum Eigentlichen kommen. Flechten Sie bei Autoritäten ein »Madame«, »Monsieur« bzw. »Madam«, »Sir« ein. Nicht duzen!

- Machen Sie sich keine Mühe mit der Auswahl von besonderen Geschenken. Ein Briefumschlag mit ein paar größeren und neu aussehenden Banknoten ist immer passend und keinesfalls beleidigend.

Liebesleben

»Well if you've been to cities but you've had enough
Have you been to Paris, France?
And if you doubt that Paris was made for love
Give Paris one more chance
The home of Piaf and Chevalier
Must have done something right to get passion this way
If you don't think Paris was made for love
Give Paris one more chance.«

Jonathan Richman: »Give Paris One More Chance«

Clarissa, Florance, Fritz, Hans und Jürgen waren zusammen im Café. Die beiden jungen Frauen gehen gemeinsam auf die Toilette. Als sie zurückkommen, sind die Männer am Aufbrechen, und sie schließen sich an. Da kommt die Kellnerin auf sie zu: »Es sind noch zwei Tee offen.« Clarissa und Florance sind sprachlos: Haben die Männer nicht für uns bezahlt?

Die Schriftstellerin Christa trifft zum ersten Mal ihren neuen Verleger. Sie verstehen sich auf Anhieb. Beim Abschied bleibt der Verleger jedoch sitzen und bringt Christa nicht zur Tür. Noch fünf Jahre später kann sie sich darüber empören.

Birgit fällt ein Stift aus der Hand. Ihr Mann bückt sich nicht. Wieder denkt sie an Scheidung.

Unsichtbar wie ein Parfüm schweben die Erwartungen der Frauen an den Mann über der Gesellschaft, Erwartungen an

Takt und Charme. Ein Duft, den die meisten Männer nicht mehr wahrnehmen. Die Frauenemanzipation hat das Fenster aufgemacht, und weg ist er, sagen die Experten mit dem Tunnelblick. Wenn sie überhaupt noch wissen, dass es so etwas wie Kavaliere jemals gab.

Estefania hat für ihre Gäste gekocht, ein reichhaltiges Büfett mit Spezialitäten aus ihrer südamerikanischen Heimat. Das und das mag Dieter nicht und stupst auf Enchiladas und gefüllte Teigtaschen. »Was ist das?«, fragt er Estefania breit grinsend. »Auch was mit Chili?«

Frauen bleibt in Gegenwart solcher Rüpel nichts anderes übrig, als die Luft anzuhalten und sich ganz weit weg zu wünschen.

»Ey, sei nicht so empfindlich«, sagen die Männer. »So ist es eben. So geht es halt zu in Zeiten der Gleichberechtigung.«

Ja, und die Welt dreht sich auch ohne Pandabär und Königspinguin.

Marktplatz der Eitelkeiten

Jeder möchte in erster Linie wegen seiner inneren Werte geliebt werden. Es zählt ja nicht nur das Äußere. Wir wollen, dass der andere sich um uns bemüht, uns entdeckt und erobert. Aber verdammt viele, die sehnsüchtig auf die Traumfrau, den Prinzen auf dem Schimmel warten, viele, die mit ihren inneren Werten so eifrig am Manegenrand stehen, haben nur Augen für die attraktive Frau oder den charmanten Unterhalter in der Mitte und sind ganz und gar nicht bereit, sich dem Mauerblümchen oder dem Mann mit der unmöglichen Hose zu widmen, die vielleicht randvoll mit inneren Werten gefüllt sind.

Wer auf dem Marktplatz der Eitelkeiten einkauft, muss selbst etwas zu bieten haben. Gesellschaftsfähige Kleidung, aufrechte Haltung, Mut zum Risiko. Vielleicht müssen Sie auch etwas an sich ändern. Das kann richtig wehtun: den Schnurrbart abrasieren (80 Prozent der Frauen mögen nur bartlose Männer), die bequemen Hosen aussortieren, das Rauchen aufgeben, nicht jeden Abend Alkohol trinken, andere Prioritäten im Alltag setzen.

Sie wollen sich nicht ändern? Sie wollen nichts riskieren? Sie wollen einfach nur einen Partner in Ihr Schneckenhaus ziehen, und der andere soll sich gefälligst bedingungslos anpassen an Ihre Essensgewohnheiten, Ihre Sauberkeitsstandards, Ihre Einstellung zu Geld? So funktioniert aber keine Beziehung! Wer starr an seiner Orangensaftmarke festhält, wer sich weigert, seinen gewohnten Tagesablauf auch nur um eine halbe Stunde zu variieren, in dessen Herzen ist kein Platz für andere. Der sagt immer nur »ich, ich, ich«. Und redet trotzdem von inneren Werten.

Schüchtern?

Wären alle, die es von sich behaupten, wirklich so schüchtern, müsste die Menschheit längst ausgestorben sein. You are not the only who is lonely. Wenn Sie sich in das Gefängnis der eigenen Schüchternheit einsperren lassen, dürfen Sie sich nicht wundern, dass manche Deppen und die Schlunzen mit den dümmsten Tricks Erfolg haben.

Die meisten Männer und Frauen sind im Umgang mit dem interessanten Geschlecht befangen, weil sie sich vor einer Abfuhr fürchten. Wenn ich sie/ihn anspreche und sie/er will nichts von mir wissen! Schrecklich, allein die Vorstellung! Das würde ich nicht überleben! Und so verkrampfen sie vor lauter Ansprüchen an sich selbst: Ich muss unbedingt etwas Witziges sagen, ich muss jetzt lustig sein, gleich, sofort, aber mir fällt partout nichts ein.

Hier hilft nur üben. Trainieren Sie Ihre Kontaktfähigkeit in Chatrooms, schreiben Sie Briefe und E-Mails und wagen Sie sich dann von Angesicht zu Angesicht unter Menschen, von denen nicht so viel abhängt. Reden Sie mehr als zwei Sätze mit der Fleischverkäuferin, üben Sie Smalltalk mit einem Arbeitskollegen oder verwickeln Sie einen Mann/eine Frau in ein längeres Gespräch, die aber als potenzielle Partner nicht infrage kommen, weil er/sie zu alt, zu jung, zu homosexuell (oder zu heterosexuell) ist. Auf diese Weise lernen Sie mit der Zeit, mit welchen Themen Sie bei anderen ankommen.

Wenn es dann mit einer lockeren Unterhaltung ganz gut klappt, wagen Sie sich als amüsanter und interessanter Gesprächspartner in die Höhle des Löwen. Nur die Ruhe – es ist keine Katastrophe, wenn das Gespräch mal verebbt. Auch die andere Seite ist schließlich gefordert.

Dressed to kill

Gut angezogen fühlen wir uns in Gesellschaft gewappnet und erweisen gleichzeitig unserer Umgebung höfliche Referenz. Wir nehmen die anderen ernst und werben um ihre Gunst. Wenn wir auf Freiersfüßen wandeln, erotische Signale aussenden, auf die Pirsch gehen wollen, möchten wir uns im allerbesten Licht zeigen.

Frauen achten bei Männern in erster Linie auf die Schuhe. Kaufen Sie also ein Paar neue oder putzen Sie sorgfältig Ihre alten. Tragen Sie keine verschlissenen Socken, niemals weiße, keine gemusterten (nur in Ausnahmefällen Marke Burlington), sondern schwarze Kniestrümpfe bzw. zu braunen Schuhen braune.

Gepflegte Hände sind das Nächstwichtige: Schneiden Sie die Fingernägel. Körperhygiene bedeutet: gründlich rasieren, weg mit der Nackenwolle, Fußnägel schneiden, Hornhaut an den Sohlen abraspeln, deodorieren, nicht zu stark parfümieren (maximale Riechweite 30 Zentimeter).

Die Hose darf auf keinen Fall schlabbrig um den Hintern wedeln. Frauen finden richtige Unterhemden sexy, nicht das weiße T-Shirt unter dem Hemd. Vermeiden Sie peinliche Aufdrucke auf Krawatte oder Unterhose.

Männer merken, ob sich eine Frau zurechtgemacht hat, auch wenn sie nicht wissen, was Mascara ist oder wozu eine Grundierung gut ist. Deshalb rasiert sich die Frau Achseln und Beine und entfernt abgeblätterten Lack auf Finger- und Fußnägeln.

Löcher in Strumpfhosen törnen Männer ab, eigentlich mögen sie Strumpfhosen überhaupt nicht. Beim gemeinsamen Ausgehen keine ausgeleierten Bündchen, schiefe Absätze und verwaschenen Sweatshirts tragen. Achten Sie bei der Wahl der Schuhe ein wenig darauf, was der Abend bringt: Will er mit Ihnen einen Spaziergang im Park machen oder ins Theater gehen?

Es gibt nicht so wahnsinnig viele Gelegenheiten, bei denen ein wirklich tiefes Dekolleté oder ein Super-Mini passt. Rückenausschnitt, ein Schlitz im langen Kleid oder wallendes Haar sind normalerweise sexy genug. Als Hollywood-Vamp tritt man bei Roter-Teppich-Empfängen auf, aber nicht zur Einweihungsparty einer Studenten-WG. Hosenanzüge sind nicht das richtige Outfit für romantische Stunden.

Flirten

… ist ein Spiel und kennt kein Ziel. Es fängt mit einem Lächeln an, wir tauschen einen Blick und wissen, wir sind uns sympathisch. Damit kann es anfangen und auch aufhören. Denn nicht jede Zufallsbekanntschaft an der roten Ampel, in der Schlange vor dem Kino oder am Fotokopierer im Büro werden wir heiraten. Bei einem Flirt testen beide Seiten ihre Anziehungskraft, schätzen ihre Reize gegenseitig ab wie bei einem Ritterspiel, nur dass wir statt Lanzen und Morgenstern Blicke, unser Lächeln und witzige Bemerkungen einsetzen. Doch wie in einem Turnier gelten beim Flirten Regeln: Anstand und Takt.

Das oberste Fairnessgebot lautet: kein plötzlicher Übergriff. Fassen Sie den anderen nicht zu schnell an, sondern lassen Sie sich Zeit mit Hautkontakt. Viele Männer legen ihre Hand auf das Knie oder die Hand der Frau, umarmen sie oder berühren sie ständig scheinbar zufällig. Merken Sie nicht, wie sie zurückzuckt? Sich ihr Rücken versteift, die Mimik gefriert? So verständlich Ihr Wunsch ist, ihr näher zu kommen – üben Sie sich in Zurückhaltung. Wenn eine Frau einen Mann anfasst, ist er meist verwirrt: War das jetzt ein absichtsvolles Zeichen oder eine bedeutungslose Angewohnheit?

Schauen Sie ihr in die Augen. Starren Sie ihr nicht auf den Busen, auch wenn ihr Dekolleté bis nach Italien leuchtet. Machen Sie es wie ein Frosch im Tümpel, dessen Augen gerade über die Wasseroberfläche lugen: Nur nicht nach unten schauen. Sehen Sie sich nicht nach anderen Frauen um. (Flirten Sie nie mit zwei Frauen gleichzeitig – dann bekommen Sie garantiert gar keine.) Verschränken Sie nicht die Arme vor der Brust. Lächeln Sie. Nach ein paar Stunden Beisammensein können Sie Ihre Hand in die Nähe der ihren legen. Das ist es, was Frauen Spannung nennen.

Wenn die Frau in Ihrer Gesellschaft den Kopf schräg hält, sich durchs Haar fährt, über alle Ihre Witze lacht, dann können Sie ganz gelassen sein und müssen nichts überstürzen. Die Gelegenheit zum Küssen kommt, keine Angst. Jetzt können Sie bloß durch übergroße Hast noch alles vermasseln.

Einem Mann merkt man wesentlich schneller an, ob er Interesse an einer Frau hat. Wenn er nicht von Ihrer Seite weicht und nur Augen und Ohren für Sie hat, müssen Sie nur noch die gerade erwähnte schräge Kopfhaltung und das Spiel mit dem Haar praktizieren. Oder wenigstens wissend lächeln. Wenn er sich jetzt noch halbwegs anständig benimmt, nicht sofort in Ihre Bluse langt und Ihr Ohr ausschlabbert, können Sie ihn ruhig küssen.

Kokettiert eine Frau mit zwei Männern, kommt sie selbst kaum noch zu Wort, da die Sache dann in einen vollmundigen Show-down der Alpha-Männchen ausartet. Oft kann sie sich dann unauffällig verdrücken und ist die beiden Angeber endlich los. Sollen die doch weiter über ihre Plattensammlung oder die Sicherheitslücken von Windows 2000 reden.

Komplimente

Jeder Mann, jede Frau hört gern Komplimente. Mit ihnen schmieren wir die Zahnräder des zwischenmenschlichen Umgangs, und das Miteinander läuft viel reibungsloser. Es können ganz einfache Sätze sein: »Das hast du schön gesagt.« »Eine gute Frage.« »Das wusste ich ja gar nicht. Interessant!« Etwas direkter, aber nicht so plump wie »Tolle Figur« oder gar »Klasse Hintern« ist »Schöne Jacke/Bluse/Schuhe«. Der/die Geschmeichelte bekommt nämlich zwei Komplimente: Dass er/sie gut aussieht und zugleich Geschmack hat. Es war also kein Fehler, die feine Hose anzuziehen oder die teuren Schuhe zu kaufen. Machen Sie realistische Komplimente; wer ausgetretene Sneakers bewundert, wirkt kaum glaubwürdig.

Frauen sind eher an Komplimente gewöhnt. Trotzdem sollten Sie Standardschmeicheleien wie die von den »schönen Augen« vermeiden – die kennen hübsche Frauen nämlich alle schon. Eine Frau möchte auch ganz sicher keine Bemerkungen über Beine, Busen und Po hören, nur in intimen Situationen, und da auch eher dezent.

Machen Sie fantasievolle Komplimente: »Was für ein herrlicher Ellbogen!« »Du hast wirklich schöne Ohrläppchen!« »Ich liebe deinen Bauchnabel.« Merkwürdigerweise finden alle Menschen ihren Bauchnabel hübsch, aber man bekommt nur selten dafür eine Schmeichelei, weil jeder seinen eigenen Nabel noch schöner findet.

Bringen Sie ein Kompliment überzeugend vor, in aufrichtigem Tonfall: »Das ist wirklich ein bezauberndes Kleid.« Und nicht als schelmische Übertreibung: »Da würde ja die Venus von Milo erblassen.«

Vorsicht, wenn Sie nur begrenzte Regionen loben! In der Folge könnte durchaus die Frage auftauchen: »Aha, mein Haaransatz gefällt dir also, der Rest wohl nicht so?«

Und noch eine Vorsichtsmaßnahme: Komplimente werden vergessen, Nachteiliges nie! Haben Sie einmal gesagt, ihr dicker Po wäre sehr sexy, wird sie noch nach Jahren daran festhalten, dass Sie ihren Hintern zu dick finden. Verweigern Sie unbedingt die Antwort auf die Frage, welche ihrer Brüste die schönere ist. Ewig wird sie Sie daran erinnern, dass Sie ihre linke Brust hässlich finden.

Männer sind mit Schmeicheleien über ihr Aussehen weniger vertraut. Also, meine Damen, nicht übertreiben – mehr als ein Kompliment pro Tag verwirrt ihn nur. Aber das eine darf dafür schon richtig reinhauen.

Die Verabredung

Frauen und Männer erwarten von einer Verabredung dasselbe: Amüsement. Dafür müssen die Rahmenbedingungen stimmen. Vor dem Telefonat zur Verabredung sollten Sie sich zwei oder drei Treffpunkte überlegen und für Ihre Vorschläge den richtigen Namen und die komplette Adresse parat haben. Wer eine halbe Stunde am Telefon braucht, um ein Café als Ort der

Verabredung auszumachen, weil ihm a) keines einfällt, b) der Name entfallen ist oder er c) nicht weiß, wie die Straße heißt, der nervt.

Suchen Sie einen sympathischen Treffpunkt aus, der nicht zu laut ist. Von dort sollten Sie kurzfristig noch woanders hingehen können.

Ein Kinobesuch ist nicht unproblematisch. Der eine will im Dunkeln vielleicht knutschen, der andere aber den Film sehen. Manche hassen Horrorfilme, andere kuscheln sich dabei gern erschreckt in Beschützerarme. Begleiterinnen, die von Tom Cruise schwärmen, verderben einem Mann die Laune. Frauen wundern sich, was er denn an der mageren Zicke, dem prallen Weibsbild auf der Leinwand findet, und bekommen beim Gedanken an Nicole Kidman Depressionen. Außerdem sind viele nach dem Kino oft schläfrig, ganz in der Traumwelt versponnen und redefaul.

Essen gehen ist eine sinnliche Angelegenheit. Wenn eine Gesprächspause eintritt, nehmen Sie einen Schluck Wein oder beschäftigen sich mit dem Steak. Beim ersten Date keinen Ziegenkäsesalat ohne Käse oder ein kalorienbewusstes Magermenü, sondern Nachtisch bestellen, denn heute wird gefeiert! Tischmanieren gelten wie das Rhythmusgefühl beim Tanzen als eindeutiger Hinweis auf das sexuelle Verhalten. Also genießen Sie, aber schlingen Sie nicht. Nicht hungern, herumstochern und mäkeln, sonst gelten Sie als schlecht im Bett.

Es muss nicht immer der Klassiker Restaurant sein. Gefallen findet auch Eislaufen, Schiffsrundfahrt, Planetarium, Picknick, botanischer Garten oder ein Einführungskurs in südamerikanische Tänze. Wie wäre es mit einem Ausflug zu einer Falknerei? Oder zu einer Gokart-Bahn? Halten Sie mehrere Alternativen bereit. Außerdem eine Decke sowie einen Korkenzieher im Auto. Welche Tankstelle hat Champagner? Wo gibt es nach Mitternacht noch etwas zu essen? Wo hört man die Löwen vom Zoo nachts brüllen? Entführen Sie Ihre Verabredung an den kleinen Weiher, den romantischen Brunnen, in den verschwiegenen Park oder die Hotellounge mit Blick über die Stadt.

Geiz ist übrigens nicht geil, sondern ein Liebestöter. Wer kein Geld hat, der muss sich im Kopf mehr anstrengen.

Was Frauen erwarten

Frauen erwarten von Männern bestimmte Dinge. Und werden regelmäßig enttäuscht, weil die Männer sich keine Mühe geben.

Schenken Sie ihr Blumen. Es ist so einfach, das Herz einer Frau zu gewinnen: Blumen, Blumen, Blumen! Oder selbst gebrannte CDs mit romantischen Liedern. Bei allen Geschenken sollten Sie stets bedenken: Ihr muss es gefallen und nicht Ihnen. Es ist verlorene Liebesmüh, ihren Geschmack verbessern zu wollen und eine CD mit Oasis, White Stripes, The Strokes oder sonstigen Jungsbands aufzunehmen. Wozu gibt es Robbie Williams, Marvin Gaye, Barry White, Lenny Kravitz, R. Kelly, Usher?

Wenn Sie sich schon ein wenig besser kennen, denken Sie über persönlichere kleine Geschenke nach. Ist sie ein Nippes-Typ (blaue Gummielefanten, großäugige Keramikpudel, rosa Spieluhren in Herzform)? Braucht Sie Eiskaffee-Löffel? Liebt Sie trendige Blumentöpfe? Keine Kosmetika verschenken, da sie sich dann fragen würde, ob sie ungepflegt wirkt. Wenn sie sich zu dick findet, sollten Sie ihr keine Süßigkeiten mitbringen. Nach einer sechsmonatigen Liebschaft dürfen Sie sich auch an Dessous herantrauen – Frauen lieben heldenhafte Männer, die sich in die Wäscheabteilung vorwagen. Das Einkaufen von Tampons wird übrigens auch als bestandene Mutprobe anerkannt.

Gehen Sie mit ihr shoppen. Trödeln Sie dabei nicht nur dumpf hinterher, sondern engagieren Sie sich. Bestärken Sie sie bei der Auswahl, und lassen Sie auch einmal »Wie wäre es denn damit?« verlauten. Mit Vorschlägen haben Männer im Regelfall zwar kein Glück, aber allein der gute Wille wird goutiert. Eine Schuhfetischistin – also etwa die Hälfte aller Frauen – wird Ihnen völlig verfallen, wenn Sie mit ihr durch drei oder vier Schuhgeschäfte bummeln, ohne ungeduldig zu werden.

Was gut bei ihr ankommt

- Singen Sie ihr leise ins Ohr. Aber ohne zu sabbern und zu spucken.
- Erzählen Sie ihr eine Gute-Nacht-Geschichte. Ohne Sex & Crime bitte! Sondern von Seen und Feen und verliebten Fröschen. Von Pferden und Räuberbräuten.
- Schreiben Sie Liebesbriefe, natürlich mit der Hand. Verzieren Sie sie mit Blumen oder legen Sie Rosenblätter bei. Versuchen Sie sich an Liebesgedichten.
- Machen Sie ihr Liebesgeständnisse: »Ich habe dich vermisst.« »Ich habe heute Nacht von dir geträumt.«
- Fallen Sie vor ihr auf die Knie.
- Weinen Sie im Kino. Oder tun Sie wenigstens so.
- Beschützen Sie sie. Stehen Sie zu ihr, wenn ein Freund eine blöde Bemerkung macht.
- Verhalten Sie sich gentlemanlike: den Mantel abnehmen und in den Mantel helfen, Stofftaschentuch bereithalten, Feuer geben, Getränke nachschenken, die Autotür und andere Türen aufhalten.

- Registrieren und reagieren Sie, wenn sie sich schick gemacht hat. »Neues Kleid?« »Neue Ohrringe?« »Neue Frisur?« Gerade nach einem Friseurbesuch sind Frauen ausgesprochen sensibel.

- Ertragen Sie mannhaft Launen, das prämenstruelle Syndrom und dass sie dauernd die Schlüssel verlegt, das Handy nicht findet und in ihrer Handtasche herumkramt. Und bitte keine spöttischen Bemerkungen darüber machen!

Was sie gar nicht mag

- Wenn Sie ihr Fotos von Ihrem Penis per E-Mail schicken.
- Wenn Sie »Ich besorg's dir, du geiles Luder« sagen.
- Wenn Sie unpünktlich sind.
- Wenn Sie irgendein körperliches Merkmal an ihr kritisieren. Versiegeln Sie Ihre Lippen, auch wenn sie förmlich darum bettelt, man solle unbedingt ehrlich sein. (Seit 20 Jahren versichere ich meiner Frau jedes Mal, wenn sie vom Friseur kommt, dass ihre Haare viel besser aussehen als vorher. Aus Glaubwürdigkeitsgründen habe ich ein einziges Mal bemerkt: »Diesmal ist es mir etwas zu kurz. Ist aber nicht schlimm, das wächst sich aus.« Oje, hätte ich das bloß niemals gesagt!)

Was Männer erwarten

Männer erwarten von Frauen bestimmte Dinge. Und werden regelmäßig enttäuscht, weil die Frauen sich keine Mühe geben.

Lassen Sie ihn nicht zu lange warten. Höchstens eine halbe Stunde und keine 35 Minuten! In diesen fünf Minuten rumort der innere Vulkan. Wenn Sie jedoch regelmäßig viel zu spät kommen, brodelt der Vulkan schon nach 20 Minuten.

Lassen Sie sich den Mantel abnehmen und in den Mantel helfen und genießen Sie diese und andere Gentleman-Manieren. Ebenso wenig wie das Tragen eines Minirocks eine Aufforderung zur Vergewaltigung darstellt, ist das Zulassen einer Handreichung an der Garderobe Ausdruck weiblicher Hilflosigkeit.

Frauen haben eine sozialere Ader als Männer. Sie erinnern sich an die Geburtstage ihrer Lieben, telefonieren häufiger mit Freundinnen, laden gern Gäste ein. Meist ist es bei einem Paar die Frau, die den Kontakt zur Außenwelt aufrechterhält. Frauen machen sich zudem wesentlich mehr Gedanken über ihre Beziehung. Und verzweifeln oft an der Trägheit der Männer. Die wiederum verstehen die Verzweiflung der Frauen nicht: Wo sie ein Problem sieht, ist seiner Meinung nach gar keins. Er hat schlichtweg nicht gemerkt, dass Sie sauer sind. Ihre selbstquälerischen Überlegungen – Warum hat er das gemacht? Was bedeutet das? Liebt er mich noch? – sind also komplett überflüssig. Für ihn ist alles in Ordnung. Auch die zahlreichen Makel, die Sie haben oder die Sie sich vielmehr einbilden, fallen ihm überhaupt nicht auf. Männer sind unkritischer. Sie finden achtmal mehr Frauen attraktiv als weibliche Gutachter. Männer bemerken Cellulite häufig gar nicht. Ganz zu schweigen von Ihrem angeblich grässlichen Ohrläppchen, dem grauenvoll gebogenen Fußspann oder Ihrer deformierten Kniekehle.

Ein bisschen mehr Selbstbewusstsein Ihrerseits ist daher durchaus angebracht. Gesundes Selbstbewusstsein ist es, das ihn veranlasst, sich auf eine Stellenanzeige zu bewerben, bei der er nur eine von sieben Anforderungen erfüllt. Sie hingegen kneift, weil sie bei einer einzigen Anforderung passen muss.

Was gut bei ihm ankommt

- Sagen Sie ihm, dass Sie keinen Slip anhaben.
- Fassen Sie bewundernd an seinen Bizeps und sagen Sie: »Du Starker.«
- Bitten Sie ihn, Ihren abgestürzten Computer wieder zum Leben zu erwecken, und loben Sie ihn: »Du Kluger.«

Was er gar nicht mag

- Wenn Sie während eines Rendezvous SMS abschicken.
- Wenn Sie von verflossenen Liebhabern reden.
- Wenn Sie nach jedem Kuss Ihre Lippen nachziehen.
- Wenn Sie nicht über seine Witze lachen.

Gekonnt küssen

Auch anlässlich dieses eher intimen Vorgangs gibt es besseres und schlechteres Verhalten. Ein guter Kuss ist eine Visitenkarte. Gekonnte Küsse sind sozusagen die geputzten Schuhe des Liebhabers.

Beginnen Sie langsam. Mit trockenen Lippen wie ein Schmetterling landen. Küssen Sie erst einmal nur die Oberlippe. Berühren Sie sie vorsichtig wie ein Blinder, der eine Form ertasten will. Verkünsteln Sie sich aber auch nicht. Wenn Sie nicht mehr merken, wie Ihr Kusspartner atmet, sind Sie auf einem Egotrip.

Manche küssen, als würden sie in einen Apfel beißen. Wenn der andere seinen Hals nach hinten biegt, sind Sie eine Idee zu stürmisch. Manche sind zu schüchtern, küssen wie ein Vögelchen an der Tränke: kurz nach vorn nippen, dann schnell wieder zurück. In diesem Fall sollten Sie sich überlegen, ob Sie überhaupt küssen wollen.

Harte Lippen und Speichelfluss gelten gemeinhin als unappetitlich. Also weich küssen und Spucke bei sich behalten. Nicht mit den Zähnen aufeinander rumpeln. Beim Einsatz der Zunge erst mit der Zungenspitze das Pendant berühren und leise Hallo sagen.

Kein Überfallkommando der Feuerwehr, die den Keller unter Wasser setzt. Steigern Sie das Zungenspiel langsam. Aber nicht zu tief rein mit der Zunge – das Zäpfchen bleibt Privatsache. Erkunden Sie lieber das vordere Zahnfleisch, kitzeln Sie oben die Mundhöhle. Doch nicht jeder mag das: »Das ist ja wie beim Zahnarzt…« Achten Sie deshalb immer auf Abwehrsignale.

Küssen Sie nicht gleich mit dem ganzen Körper. Küsse sind erotischer, wenn man sich kaum anderswo berührt. Geben Sie dem Geküssten eine Chance, selbst etwas zu tun, und umgekehrt bleiben Sie nicht nur passiv. Bei aller Leidenschaft, gönnen Sie sich eine Pause, und schauen Sie sich in die Augen. Und dann weiterküssen.

Der letzte Schritt

Will sie/er mit mir schlafen? Nichts ist peinlicher, als sich in diesem Punkt zu vertun und etwas zu erwarten, was dann nicht passiert.

Er kann den Blick nicht von Ihnen abwenden, ist nervös, wenn Sie kurz in Ihrer Aufmerksamkeit nachlassen? Gutes Zeichen. Er verschränkt die Arme, wippt mit den Füßen, schaut sich dauernd um oder auf die Uhr, reagiert nicht auf die kleinen Signale, küsst nur die Luft neben den Ohren? Kein gutes Zeichen.

Machen Sie den Oberkörper-Test: Lehnen Sie sich in Ihrem Stuhl zurück. Wenn er sich nicht in Ihre Richtung beugt, ist er mit der Distanz durchaus einverstanden.

Beim Aufbrechen, beim Abschiedskuss entscheidet es sich. Er will ihr einen Kuss geben, und sie wendet ihm die Wange hin oder küsst ihn schnell mit geschlossenen Lippen auf den Mund. Übersetzt heißt das: Heute lieber nicht. Bewegt sie beim Knutschen jedoch Hüften und Po, sollte er besser ein Kondom bereithaben.

Achtung, Männer! Es gibt gemeine und verantwortungslose Mädels, so genannte Cock-teaser, die sich an keine Regel halten und den Vollzug noch beim Vorspiel abbrechen. Ihnen reicht es, wenn sie einen Mann erfolgreich angetörnt haben, und sie ergötzen sich am verdutzten Gesichtsausdruck ihrer Opfer. Die sollten sich so souverän wie möglich zurückziehen und damit trösten, dass diese Frauen Orgasmusschwierigkeiten haben. (Okay, das ist jetzt eine Theorie, aber sie tut gut.)

Nur in Filmen sinken widerstrebende Frauen überwältigt von leidenschaftlichen Küssen in die Kissen. In der Realität führen männliche Übergriffe, die weibliche Abwehrsignale ignorieren, nicht zum Ziel. Hier brauchen Sie nun keinen Trost erwarten: Wenn Sie den Willen einer Frau nicht respektieren, haben Sie die Blamage verdient.

Dating-Tipps für den Mann

Aus Amerika kommt eine Methode der schnellen Verführung. Ross Jeffries (www.seduction.com) und David De Angelo (»Double your dating«) geben in Schnellverführer-Kursen Tipps, wie Sie in wenigen Minuten wildfremde Frauen abschleppen können. Mittels neurolinguistischer Programmierung (NLP) – einer eher umstrittenen manipulativen Technik, die auch angewendet wird, um Verkäufer auf Erfolg zu trimmen.

Treiben Sie sich in Einkaufszentren herum und lächeln Sie jedes weibliche Wesen an. Die Frauen werden Sie als harmlos erachten, da Sie sie nicht anquatschen, und lächeln zurück. Auf diese Weise bauen Sie Ihre Hemmungen ab. Wenn Sie dann das nächste Mal wieder bei Rudis Resterampe herumlungern und eine Frau anlächeln, die Sie bereits einmal vor Ort gesehen hat, wird sie einer Einladung zum Kaffee nicht abgeneigt sein.

Die 3S-Regel: Sprechen Sie eine Frau innerhalb von drei Sekunden an. Ein einfaches »Hallo« reicht. Auch wenn Sie nicht wissen, was Sie danach sagen sollen. Frauen mögen keine Zauderer.

Haben Sie vor, eine Frau anzusprechen, erinnern Sie sich zuvor an eine Situation, in der Sie erfolgreich und charmant waren. Mit dem solchermaßen getankten Selbstbewusstsein wird jede Frau in Ihnen das Alpha-Männchen erkennen.

Reden Sie mit einer Frau vier Minuten, und verabschieden Sie sich dann mit den Worten: »Es war sehr nett mit dir, aber nun muss ich zurück zu meinen Freunden.« Die Frau ist erstaunt, weil sie mehr erwartet hat. Diesen Überraschungsmoment nutzen Sie zur Attacke. Drehen Sie sich noch einmal um: »Hast du eigentlich E-Mail?« Halten Sie deshalb stets Papier und Kugelschreiber (kein Werbegeschenk aus Plastik, sondern einen Fisher Space aus Chrom) bereit, damit sie Ihnen ihre Mail-Adresse und bei der Gelegenheit auch gleich die Telefonnummer aufschreiben kann.

Kritiker werfen der Speed-Seduction-Methode vor, dass man sich 99 Abfuhren einholt, nur um einmal zu landen. Und dann in einer Absturzbar bei einer betrunkenen, hässlichen und verzweifelten Frau.

Für Frauen gibt es solche Kurse nicht. Seltsam.

Dating-Tipps für die Frau

Allzu selbstbewusste Typen können Sie mit der Zuckerbrot-&-Peitsche-Methode gehörig verunsichern. Wenn Sie eine Weile richtig nett zu ihm waren, über seine Witze gelacht, ihn mit großen Augen bewundernd angehimmelt haben, er sich also schon auf der Siegerstraße und kurz vor dem Ziel vermutet, verstummen Sie plötzlich. Lassen ihn auflaufen. Schieben die Hand von Ihrem Knie. Sagen eine Verabredung ab. Der Mann wird sich irritiert fragen: Was habe ich falsch gemacht? Sein Ehrgeiz wird angestachelt, und er wird sich um Sie bemühen. Geben Sie aber weiterhin das verliebte Schäfchen (und hüpfen gleich mit ihm ins Bett), ist sein Jagdtrieb schnell befriedigt, und er sieht keinen Grund, sich weiter groß anzustrengen.

Evolutionsbiologen nehmen an, dass zickiges Verhalten ein weiblicher Mechanismus ist, um einen Mann zu binden und die Monogamie zu fördern. Vergessen Sie jedoch bei allen Zicken das Zuckerbrot nicht!

Kontaktanzeigen

Wollen Sie sich per Kontaktanzeige auf die Suche nach Ihrem Traummann/Ihrer Traumfrau machen, sollten Sie in erster Linie nicht Wünsche äußern, sondern sich selbst beschreiben. Größe, Alter, Gewicht – das will man auf jeden Fall vom anderen wissen. Die Haartracht (bei Männern) und der Musikgeschmack sagen viel über die eigene Kultur aus. Sind Sie Motorradfahrer, Akademiker, Sportler, Opernfan oder Kohlrabiapostel?

Lustige Formulierungen stoßen in der Regel auf Resonanz. Abkürzungsorgien (HSA, Gsg, hrmpf – wie bitte?) schrecken hingegen ab (Geizkragen!). »Ehrlich« und »humorvoll« sind positive Reizworte für Frauen, Männer reagieren reflexartig auf »blond« und »schlank«. Ach ja, und wir sehen natürlich alle jünger aus, als wir sind.

Wenn Ihnen dann die Antworten waschkörbeweise ins Haus flattern, schreiben Sie per Hand zurück, legen kein Passbild und kein Foto aus dem Kopierer bei, sondern einen Schnappschuss aus dem Urlaub, auf dem man Ihr Gesicht erkennt. Verabreden Sie sich für den Nachmittag in einem Café, möglichst in der Nähe einer für einen anschließenden Spaziergang geeigneten Gegend, und nicht nachts an der Autobahnauffahrt.

Ehe-Beratung

In langen Partnerschaften lässt man die Maske der Wohlerzogenheit fallen. Und das gebrauchte Taschentuch. Man rülpst, schnäuzt sich laut, pult in den Zähnen. Man lässt beim Pinkeln die Toilettentür offen, sieht der Liebsten beim Hantieren mit Zahnseide zu. Das alles ist nicht besonders erotisch.

Um der Liebe willen, bleiben Sie auch in der Zweisamkeit ein höflicher Mensch. Gute Manieren verlängern Ehen. »Danke«, »Bitte«, »Entschuldigung« sind die roten Rosen des Alltags.

- Jeder Teil eines Paares braucht seine Insel. Seinen Platz in der Wohnung, seine Freunde, seinen Auslauf, seine Interessen. Respektieren Sie das Briefgeheimnis, lassen Sie die E-Mails Ihres Partners in Ruhe. Sie müssen nicht wissen, was der andere in jeder Minute gemacht hat.

- Betreiben Sie dringend notwendige Maßnahmen der Körperpflege wie das Schneiden der Fußnägel nicht vor den Augen des Partners.

- Kleben Sie nicht ständig zusammen. Erraten Sie nicht dauernd die Gedanken des anderen. Mischen Sie sich nicht in alles ein.

- Paare sollten auch Nettes gemeinsam unternehmen und nicht nur zusammen zum Sperrmüll fahren. Machen Sie mindestens einmal in der Woche etwas Schönes nur zu zweit.

- Durchbrechen Sie die Alltagsroutine. Wechseln Sie die Bettseite, auch der andere soll mal das Sonntagsfrühstück machen, die Initiative im Bett ergreifen, neues Geschirr kaufen …

- Löchrige Unterhosen, unrasierte Beine, ungewaschene Haare töten den Sexappeal.

- Die eigene Frau sieht immer gut aus, besonders wenn sie vom Friseur kommt. Der eigene Mann ist immer der beste Autofahrer.

- Paare sollten sich nicht in der Öffentlichkeit streiten und das Publikum über Bande mit einbeziehen wie beim Billard. Freunde sollten nicht als Schiedsrichter missbraucht werden.

- Stellen Sie Ihren Partner in Gesellschaft nicht bloß. Haben Sie einen wunden Punkt berührt und er oder sie erstarrt unmerklich (Sie jedoch merken es), wechseln Sie schnell das Thema, und hacken Sie nicht auf der Sache herum.

- Einen Seitensprung nicht beichten.

- Jeder hat das Recht auf Geheimnisse. Jeder lügt.

- Haben Sie Geduld miteinander. In einer Beziehung muss man schlechte Laune und Ungerechtigkeiten aushalten können wie ein Gewitter. Und auch um gutes Wetter bitten, wenn man nicht Schuld hatte oder das zumindest glaubt.

- Jede Frau braucht Freundinnen. Das ist für beide Seiten praktisch, denn Sie müssen sich dann dieselben Geschichten nicht zweimal anhören.
- Ein Mann braucht auch mal seine Ruhe. Und er darf Fußball gucken.
- Frauen lieben Kerzen und Kissen und haben kalte Füße. Frauen wählen das Kinoprogramm aus und herrschen über die Fernbedienung. Akzeptieren Sie das.
- Männer haben Angst, schlechte Liebhaber zu sein. Männer finden ihren Schweißgeruch sexy. Männer geben ungern Fehler zu, aber sie ändern sich klammheimlich. Männer fragen nie nach dem Weg. Akzeptieren Sie das.
- Frauen wollen im Restaurant Speisen teilen und vom anderen Teller probieren. Das müssen Sie nicht akzeptieren.
- Männer können nicht bügeln, ihre Socken in den Wäschekorb legen und kommen ungewaschen ins Bett. Das müssen Sie nicht akzeptieren.
- Männer brauchen Freiheit. Oder zumindest die Illusion davon. Freiheit sollte aber keine Ausrede sein, sich schlecht zu benehmen oder nicht erwachsen werden zu wollen. Männer, die jeden Morgen denselben Bus zur Arbeit nehmen, jeden Mittwoch zum Squash gehen, seit drei Jahren dieselbe Frisur tragen und im Radio Oldies but Goldies hören, sind keine echten freiheitsliebenden Cowboys.

Das Frauen-Männer-Ding, wie geht das?

Wie machen es die anderen? Liegen die auch manchmal nach einem Streit wach und wissen nicht, ob sie jetzt Recht hatten oder zu weit gegangen sind? Warum tut sie nie das, was ich will? Grenzen! Was meint sie nur mit Grenzen?

Die Berliner Diplom-Psychologin Marita Warner ist spezialisiert auf Eheprobleme und macht Vorschläge, wie es nicht so weit kommen muss.

Interview

Was sind die häufigsten Fehler in einer Beziehung?
WARNER: »Die Paare schleimen oft symbiotisch zusammen wie zwei kleine Schnecken. Sie lassen keinen eigenen Entwicklungsraum mehr zu und meinen, nur zu zweit sind wir stark. Viele entwickeln sich dann selbst nicht mehr.«

Gibt es spezielle Vorwürfe von Männern an Frauen und umgekehrt?
WARNER: »Männer beschweren sich oft, dass die Frauen zu sehr kontrollieren. Frauen fühlen sich zu gering geschätzt und zu wenig beachtet. Ihre Probleme werden ignoriert. Männer lösen Probleme gern, den Frauen reicht es meist, wenn sie darüber reden. Sie wollen ein Problem nicht gleich gelöst haben. Dann denken sie, sie würden für blöd gehalten, dass sie nicht selbst darauf gekommen sind.«

Wie vermeide ich typischen Beziehungsfrust gleich am Anfang?
WARNER: »Klären Sie die Spielregeln. Das klingt zwar unromantisch, aber die klassische Rollenverteilung sollte zu Beginn ausgehandelt werden. Was passiert, wenn Kinder kommen?

Dieses ›Das machen wir zusammen‹ muss definiert werden. Auch was die Karriere betrifft. Es reicht auch nicht, nur zu sagen: ›Ich liebe dich.‹ Die Liebe muss durch Taten bewiesen werden. Streicheleinheiten. Mülleimer raustragen. Aufmerksame Geschenke machen.«

Darf ich meine Fußballkumpels sehen? Muss sie sich dauernd mit ihrer besten Freundin treffen?
WARNER: »Sehen Sie doch nicht nur das Negative, sondern wie es Ihre Beziehung bereichert. Jeder braucht seinen Raum und seine Zeit. Wenn einer seine Interessen zu sehr zurückstellen muss, ist etwas faul.«

Wie setze ich meine Bedürfnisse durch, ohne den anderen zu beleidigen?
WARNER: »Reden Sie. In Paarbeziehungen herrscht oft eine große Sprachlosigkeit. Fragen Sie, wie kann ich meinen Teil leben, ohne dich einzuschränken? Wie muss ich es machen, dass es dich nicht stört? Das ist nicht ganz einfach. Das müssen Sie aushandeln.«

Wie streite ich mich in einer Beziehung, ohne dass ich mich danach trenne?
WARNER: »Streit ist doch interessant. Ohne Streit wäre eine Beziehung langweilig. Eine Übung ist zum Beispiel: Jeder darf fünf Minuten alles rauswerfen, was ihn stört, und die andere Seite darf nicht unterbrechen. Danach ist aber Ruhe, und die andere Seite ist dran. Bei einem Streit sollte man Ich-Botschaften rüberbringen: ›Ich habe diese und jene Erwartung‹, statt den anderen anzugreifen mit: ›Du hast das und das gemacht.‹«

Streiten sich Paare um Geld?
WARNER: »Ja. Beim Thema Geld ist es wichtig, sich über die

Prioritäten klar zu sein. Neue Möbel für die Wohnung oder Essen gehen – da geht es oft heiß her. Grundlegende Unterschiede bei Geiz und Großzügigkeit sind verheerend.«

Wo ist die Gürtellinie, unter die man nicht schlagen darf?
WARNER: »Meine Gürtellinie sind die vergangenen Sachen, die nicht aufgewärmt werden dürfen. Jeder hat da seine eigenen wunden Punkte, zum Beispiel, wenn eine Frau mit ihrer Mutter verglichen wird. Bleiben Sie bei Kritik bei den konkreten Verhaltensweisen: ›Schmeiß deine Unterwäsche nicht auf den Boden‹ statt: ›Musst du immer so unordentlich sein?‹ Verallgemeinerungen sind schlimm. Das legt einem ein Korsett an, dieses ›Du machst das immer.‹«

Danke, Frau Warner, das sollten Sie mal meiner Frau erzählen!

Eine gepflegte Erscheinung

»Ein Mensch mit Genie ist unausstehlich, wenn er nicht mindestens noch zweierlei besitzt: Dankbarkeit und Reinlichkeit.«

Friedrich Nietzsche

Mein Körper gehört mir? Nicht ganz. Körpergeruch ist keine Privatangelegenheit. Auch Zahnbelag, Schlaf in den Augen, sprießende Nasenhaare, Trauerränder unter den Fingernägeln, verschmiertes Make-up, Haarschuppen auf den Schultern, Schweißflecke unter den Achseln sind kleine, gezielte Pfeile auf unser ästhetisches Empfinden und treffen schon mal die Ekelzone.

Selbst wenn Sie die Schmutzgrenze toleranter ziehen – »Es kommt doch auf die inneren Werte an« –, andere tun das nicht. Ein höflicher Mensch nimmt darauf Rücksicht, auch wenn er Sauberkeit als typischen Charakterzug von Zwangsneurotikern und Etepetete-Prinzessinnen hält.

Kopf und Haare

Lausbubenhaft verstrubbelte Frisuren finden Frauen vielleicht »süüüß!«, Arbeitgeber weniger. Den »Gerade aus dem Bett gekommen«-Look tragen Sie lieber nach Dienstschluss. Ein Kamm, etwas Gel (Wachs), ein Friseurbesuch alle vier Wochen, und Sie sehen seriös aus. Männer sollten sich öfter den Nacken rasieren, aus dem Hemdkragen wuchernde Wolle wirkt ungepflegt.

Gel (Spray, Brillantine) sparsam verwenden. Fettglänzende Stacheln oder eine Frisur wie »ein Hamster nach einem Elektroschock« (so die englische Tageszeitung »The Times« über Boris Becker) sind out.

Pflegetipps

Bei der Haarwäsche muss es schäumen, so sind wir es gewöhnt. Doch nichtschäumendes Shampoo, zum Beispiel Babyshampoo, ist milder und reinigt genauso gut. Bei sehr langen Haaren mischen Sie das Shampoo in einer Flasche mit warmem Wasser und gießen es nach und nach aufs Haar, damit es gleichmäßig verteilt wird. Fettiges Haar kann jeden Tag gewaschen werden, bei trockenem Haar reicht eine Haarwäsche alle zwei, drei Tage. Die Haare gründlich spülen, nicht im Badewasser auswaschen, sondern mit der Dusche abspülen. Beim Abtrocknen nicht zu kräftig rubbeln. Noch besser: Ein Handtuch wie einen Turban um die Haare wickeln und sanft trocken klopfen wie bei einer Wollwäsche.

Extratipp: Mikrofasertücher, die man zum Fensterputzen verwendet, trocknen die Haare schneller als normale Handtücher.

Rasieren

Ein glatt rasierter Mann gilt als gepflegt. Achten Sie darauf, keine Inseln am Kinn zu vergessen und dass der Abschluss an beiden Seiten der Ohren auf gleicher Höhe sitzt. Das gilt erst recht bei Koteletten. Auch einen Dreitagebart sollten Sie sorgfältig trimmen. Vollbärtige müssen ihre Pracht jeden Tag auskämmen und waschen. Kaum ein Anblick ist schwerer zu ertragen als ein Bart mit Eiflecken.

Mit zunehmendem Alter wachsen einem an den seltsamsten Stellen Haare. Zupfen Sie sich die Nasenhaare. Lassen Sie sich von einem arabischen oder türkischen Barbier die Ohrenhaare abflammen. Zehen, Fußrücken und die Finger sehen unbehaart besser aus.

Brust- und Schambehaarung kann der Mann nach persönlichem Geschmack tragen. Anders sieht es mit dem Rücken, dem Po und den Schultern aus. Dort sollten Sie sich rasieren oder epilieren lassen.

Frauen sollten ihre Beine und eine eventuell wuchernde Bikinizone rasieren. Allerdings muss die Schambehaarung nicht zu einer reißverschlussartigen Landebahn reduziert werden. Auch bei den Achselhaaren scheiden sich die Geister: Die einen finden sie natürlich, andere sexy, die meisten ungepflegt.

Pflegetipps

Wenn Sie sich elektrisch rasieren, egal ob Gesicht oder Beine, dann machen Sie das vor dem Duschen. Mit Klinge und Schaum rasieren Sie sich nach der Dusche. Nassrasierer waschen sich zuerst warm bis heiß – das öffnet die Poren –, nach der Rasur kalt – das schließt sie wieder. Kleine Schnitte können Sie mit einem Papiertaschentuch abtupfen. Anschließend Aftershave oder Creme auftragen. Nass werden die Härchen kürzer abgeschnitten. Sollten sie dabei öfter in die Haut einwachsen oder bilden sich Pickelchen, steigen Sie besser auf Elektrorasur um. Entzünden sich empfindliche Zonen, keine Kosmetikprodukte wie Deo auftragen.

Für die Bikinilinie oder Hodenrasur schwören einige Todesmutige auf Nassrasur. Dabei die Klinge in Haarrichtung ansetzen – so vermeiden Sie Reizungen – und die Haut hinterher einölen. Andere bevorzugen an solchen kritischen Stellen Enthaarungscremes. Bei beiden Methoden reagiert jede Haut anders, also vorsichtig die Methoden und verschiedene Cremes testen. Ohne Nebenwirkungen, aber schmerzhaft ist die Pinzette.

Zähne putzen

Kennen Sie das? Da reden Sie mit einem sympathischen Menschen, und Sie können den Blick nicht von dem schwarzen Fleck zwischen seinen Zähnen abwenden. Gefährlich anhänglich sind Schnittlauch, Petersilie, Spinat, Vollkornbrot, Müsli, Mohn und Mais. Lächeln Sie deshalb nach jedem Essen einen Spiegel an. Achten Sie nach dem Zähneputzen, ob noch etwas Plaque an den Zähnen klebt.

Pflegetipps

Verwenden Sie nur weiche Bürsten, mit harten ruinieren Sie Ihr Zahnfleisch. Morgens und abends jeweils drei Minuten putzen, dabei hinten anfangen und sich nach vorn arbeiten. Kreisen Sie sanft über jeden Zahn. Unbedingt mit Zahnseide, Zwischenraumbürste oder Zahnhölzern hartnäckige Reste entfernen. Mit Mundwasser nachspülen.

Nach dem Verzehr von Zitrusfrüchten, Fruchtjoghurt, Zwiebeln, Sauerkraut, Fruchtsäften und Wein nicht sofort die Zähne putzen, sonst wird der Zahnschmelz angegriffen. Mit Milch können Sie die Säure neutralisieren. Oder Sie warten eine Stunde mit dem Putzen. Nach Süßigkeiten dürfen Sie sofort die Zahnbürste einsetzen.

Für Mundgeruch (Halitosis) sind zu 90 Prozent Zunge und Zähne verantwortlich und nicht der Magen, wie man lange glaubte. Reinigen Sie deshalb die Zunge mit der weichsten

Zahnbürste, die Sie finden können, oder mit einem speziellen Zungenkratzer. Dabei immer längs von hinten nach vorn streichen, nie quer.

Wichtig! Zahnbürsten alle vier bis sechs Wochen wechseln. Danach sind sie voller Bakterien.

Extratipp: Um den Grauschleier auf Zähnen »biologisch« zu entfernen, eine Erdbeere zerdrücken, die Zahnbürste kräftig ins Fruchtfleisch pressen und die Zähne damit gründlich bürs-ten.

Hautpflege

Die Haut ist unser größtes Organ und braucht lebenslang Pflege. Auch Männer sollten für das Gesicht eine Feuchtigkeitscreme verwenden. Im Winter zu reichhaltigeren Produkten greifen. Lassen Sie im Zweifelsfall von einer Kosmetikerin Ihren Hauttyp analysieren und verwenden Sie darauf abgestimmte Pflegeprodukte.

Pflegetipps

Waschen Sie das Gesicht nicht mit Seife und benutzen Sie kein alkoholhaltiges Gesichtswasser, beides ist ein Angriff auf den Säureschutzmantel der Haut. Heiße Bäder trocknen die Haut aus, deshalb anschließend gut eincremen.

Ein Dampfbad mit Kamille öffnet die Poren. Eine Maske aus Heilerde und Karottensaft, wahlweise Kamillentee, eine Viertelstunde auf das Gesicht aufgetragen, reinigt die Haut.

Ein Körper-Peeling mit braunem Zucker (oder grobem Meersalz) und Olivenöl entfernt Unreinheiten. Die beste Zeit dafür ist abends, einmal wöchentlich bei empfindlicher, zwei- bis dreimal bei robusterer Haut.

Ein Bad mit Milch und Honig verleiht streichelzarte Haut.

Oder Sie lassen ein paar Zitronenschnitze im Badewasser schwimmen.

Extratipp: Melkfett auf das Dekolleté auftragen. Das verhindert Fältchen.

Deodorieren

Merken manche Menschen gar nicht, wie sie riechen? Für diese Zeitgenossen scheint die Eindämmung des Körpergeruchs durch Deodorants offenbar ein Anschlag auf ihre persönliche Freiheit zu sein. Jeder schwitzt hin und wieder etwas stärker. Aber man merkt es, wenn der andere nicht vorgebeugt hat. Dann riechen wir nicht nur den neuen, sondern auch den alten Schweiß, der sich in den Kleidern gehalten hat. Kollegen, die immer müffeln, sollten sich nicht wundern, wenn man ihnen aus dem Weg geht.

Pflegetipps

Probieren Sie einmal einen Deostein aus. Er ist geruchsneutral, verbrauchsarm, gut für Allergiker, aber er zerbricht leicht. Abrasierte und auch gekürzte Achselhaare verringern die Schweißproduktion.

Make-up

Tagsüber und im Beruf sollte eine Frau sich dezenter schminken als abends, wenn sie bei Kerzenlicht glänzen will. Standards sind Abdeckstift, transparentes Make-up, Mascara und ein nicht zu knalliger Lippenstift. Abends können Sie Augen und Lippen stärker betonen und Rouge auflegen.

Pflegetipps

Verteilen Sie eine Tagescreme über das gereinigte Gesicht und grundieren Sie die Haut anschließend von der Nase nach außen mit einer Foundation. Entweder mit den Fingern oder einem feinporigen Latexschwämmchen verteilen und die Reste an den Brauen und dem Haaransatz abtupfen. Unter einem Abdeckstift (Concealer) können Sie Augenringe und Unebenheiten verschwinden lassen; der Ton des Concealers sollte etwas heller sein als die Grundierung. Am Abend können Sie zusätzlich etwas Transparentpuder mit Pinsel oder Quaste auftragen.

Um die Augenbrauen zu betonen, tragen Sie Brauenpuder oder Puderlidschatten in Wuchsrichtung der Härchen auf. Beim Tages-Make-up die Wimperntusche (Mascara) nur sparsam auf die oberen Wimpern tuschen. Abends können Sie mit dem Kajalstift Punkte zwischen die Wimpern setzen und sie mit Volumenmascara ausdrucksstärker machen.

Rouge vom Haaransatz zur Gesichtsmitte hin verteilen, eventuell nur die hohen Wangenknochen betonen. Zu viel Rouge wirkt aufdringlich.

Die Lippen mit einem Konturenstift umranden und dann Lippenstift auftragen. Mit transparentem Lippgloss können Sie sie immer wieder zum Glänzen bringen.

Rissige Lippen sind auch bei Männern nicht schön. Aber wer einmal mit dem Fettstift anfängt, wird oft süchtig. Honig und Mandelöl halten die Lippen ebenfalls geschmeidig.

Extratipp: Um Lippen kussfest und gläsertauglich zu präparieren, tupfen Sie den Lippenstift etwas ab, legen eine Schicht Puder auf, schminken die Lippen erneut, dann wieder abtupfen und zum Schluss noch einmal Puder auftragen.

Handpflege

Hände gehören zu den wichtigsten Signalen für den ersten Eindruck. Befreien Sie deshalb die Fingernägel vom Trauerrand, feilen Sie sie rund, und knipsen Sie die Hautfitzelchen ab. Mit farblosem Nagellack kaschieren Sie kleine Rillen auf den Nägeln. Hornhaut an den Fingern dürfen nur Gitarristen vorweisen.

Pflegetipps

Cremen Sie Ihre Hände nach jedem Waschen mit Handcreme ein, das macht sie weich und verhindert rissige Haut. Feilen Sie die Fingernägel einmal pro Woche mit einer Glas- oder Sandpapierfeile. Im rechten Winkel feilen, aber nicht zu kurz. Die grobe Seite der Feile ist zum Kürzen, die feine Seite zum Glätten.

Möglichst acetonfreien Nagellackentferner benutzen, die Nägel mit Wattepads von alter Farbe befreien und danach die Hände waschen. Gönnen Sie den Nägeln auch einmal eine Lackierpause.

Nagelhaut nicht abreißen oder abschneiden! Schieben Sie stattdessen nach einem Fingerbad das Häutchen mit einem Holzstäbchen sanft zurück. In der Drogerie gibt es Gels, um Nagelhaut zu entfernen, Nagelnachtcremes, Nagelpflegeöl und Polierfeilen gegen Längs- oder Querrillen.

Extratipp: Zwei Löffel Ananassaft und ein Eigelb vermischen und fünf Minuten auf den Fingernägeln einwirken lassen. Schon glänzen sie wieder.

Fußpflege

In Sandalen trägt man keine Strümpfe, man sieht also die nackten Zehen. Aber auch sonst sind gepflegte Füße ein Muss.

Schneiden Sie deshalb die Zehennägel regelmäßig, entfernen Sie alten Nagellack, raspeln Sie die Hornhaut ab und befreien Sie die Zehen von eventuellen Härchen.

Pflegetipps

Ein 37 Grad warmes Fußbad mit Oliven-, Mandel- oder Avocadoöl macht die Haut geschmeidig. Wenn Sie den ganzen Tag auf den Füßen sein müssen, wirkt ein Fußbad mit Rosmarin-, Fichten- oder Eukalyptus-Badesalz entspannend.

Mit Bimsstein oder einer Hornfeile die Hornhaut abraspeln. Vorsicht bei Hornhauthobel aus Metall, sie verletzen oft die Haut. Lieber öfter rubbeln als einmal zu heftig.

Fußnägel gerade abschneiden, nur an den Ecken sanft runden. Hin und wieder mit Olivenöl einpinseln. Im Sommer öfter barfuß gehen, das ist gut für die Durchblutung.

Kleiderkunde

»Well, I see you got your brand new leopard-skin pill-box hat
Yes, I see you got your brand new leopard-skin pill-box hat
Well, you must tell me, baby
How your head feels under somethin' like that
Under your brand new leopard-skin pill-box hat.«

Bob Dylan: »Leopard-skin pill-box hat«

Kleider machen Leute. Und Karriere. Weil ich diese Spielregel in meiner Jugend zu wenig bedacht habe, hat mich das eine Festanstellung, mindestens 20 Aufträge und etwa drei Jahresgehälter gekostet. Abgesehen von diesen opportunistischen, ökonomischen Überlegungen: Es macht einfach Spaß, im schicken Aufzug, mit gebügeltem Hemd, in neuen Schuhen der Welt entgegenzutreten. Außerdem steigt das Selbstbewusstsein. Man ist nicht der Schluffie mit den hängenden Schultern und den abgetragenen Latschen, der sich dauernd fragt, ob er fehl am Platz ist. Sondern der King.

Schauen Sie einmal ins Fernsehen. Dort agieren immer dieselben Schauspieler. Ihre Nase ändert sich nicht und auch nicht ihr Mund oder ihre Körpergröße. Dennoch verändert sich derselbe Mensch gravierend, je nachdem, ob er in die Rolle eines Bauern, eines Priesters oder eines Kommissars schlüpft. Er verändert sich, weil er jedes Mal andere Kleidung trägt.

Weibliche Mode und Modesünden

Jede Frau sollte mindestens drei Hosen besitzen: eine praktische Jeans, eine Allzweck-Freizeithose, die Sie auch bei der Arbeit tragen können, und drittens eine elegante Anzughose, die Sie mit einer passenden Jacke kombinieren können. Außerdem brauchen Sie einen leichten, schwarzen Pullover, beispielsweise einen Rolli, eine weiße Bluse und ein paar T-Shirts, die zu allem passen. Für den besonderen Anlass hängt ein festliches Kleid im Schrank, zum Beispiel das berühmte kleine Schwarze.

Die wichtigste Styling-Regel: Die Mischung macht's. Zu den Klassikern Pumps, Espandrillos, Sneakers, Jeans, schmaler Rock, Blümchenkleid, T-Shirt, weiße Bluse wählen Sie ein extravagantes Stück. Teures gemixt mit Secondhand ist ein modisches Ausrufezeichen im Alltagslook.

Junge, schlanke Frauen können alles anziehen, heißt es. Das stimmt nicht ganz. Jacken, die aus Federboas gebastelt wurden, dazu ein Ledermini, rosa Overknee-Strümpfe und Plateauschuhe kann nicht einmal ein Supermodel mit Anstand tragen. Vermeiden Sie außerdem Applikationen, Aufnäher und aufgesetzte Taschen.

Pumphosen, Leggings, brikettartige Schulterpolster, überdimensionaler Modeschmuck, Babydolls, Fahrradhosen, Lurex, Latex, Lack sind höchstens eine Saison lang in. Und dann zehn Jahre lange nicht mehr. Hoffentlich.

Farben

Schwarzhaarige Frauen mit sehr hellem Teint bevorzugen oft Rot und Schwarz. Blonde mit blauen Augen tragen gern Türkis. Frauen mit olivem Teint haben nicht selten ein Faible für sanfte Brauntöne, wie man es in Spanien sieht. Dagegen ist auch nichts einzuwenden. Wenn Sie sich allerdings zu jeder

Gelegenheit in derselben Farbe oder Farbkombination kleiden, geht es Ihnen irgendwann wie der Tapete, die niemand mehr bemerkt.

Schuhe

Nicht erst seit Carrie Bradshaw aus der Kultserie »Sex and the City« stehen viele Frauen selbstbewusst zu ihrem Schuhtick. Sie haben viele Schuhe und sie brauchen viele. Ratschläge beim Schuhkauf brauchen Carrie und Co sicher nicht. Für alle anderen hier ein paar Tipps.

Pumps sind die klassischen Damenschuhe. Es gibt sie in allen Farben, meist jedoch uni, und passend, perfekt zum Businesslook, egal ob Kostüm oder Hosenanzug. Die Höhe des Absatzes pendelt irgendwo zwischen Ballerina und Highheel, manche haben einen festen, sockelartigen Absatz, andere einen schlanken.

Sandaletten sind salopp gesagt durchbrochene Pumps. Man sieht die Zehen, oft auch die Ferse, und ein Riemchen umschlingt die Fessel. Sandaletten sind schicke Freizeitschuhe, die durchaus im Berufsleben getragen werden können, wenn der Arbeitgeber keinen konservativen Stil verlangt, etwa bei Kundenkontakten. Diesen Schuhtyp gibt es in allen Farben und Materialien, der Absatz ist meist schlank, da Sandaletten luftig sind. Doch Vorsicht! Krumpelige Strumpfnähte darin sehen grauenhaft aus. Ebenso gemusterte oder Netzstrümpfe. Die Zehen dürfen in diesen offenen Schuhen nicht gequetscht werden, und die Nägel müssen gepflegt sein, denn Sandaletten dürfen bei aller Lässigkeit keinen nachlässigen Eindruck erwecken.

Highheels, Stöckelschuhe oder **Stilettos** sind sehr luftige Pumps mit hohem und noch höherem Pfennigabsatz. Es gibt sie erst seit den 50er-Jahren des letzten Jahrhunderts, und sie wirken ausgesprochen sexy. Berühmt sind die Modelle von Manolo Blahnik mit ihren obligatorischen 12-Zentimeter-Absätzen. Viele Frauen glauben, sie könnten mit den hohen Absätzen nicht laufen. Der Trick dabei: Treten Sie zuerst mit dem Ballen auf und rollen Sie dann auf die Ferse ab – also andersherum als üblich.

Trotteur nennt man den robusteren Schuh, ein Hybrid aus Herren- und Damenschuh. Er hat einen kurzen, kräftigen Absatz, Nähte, die an einen Oxford erinnern, und ist meist aus Leder gefertigt. Der Trotteur ist ideal zum Spazierengehen und Einkaufen.

Stiefel, da ist jedes Wort zu viel oder tausend zu wenig. Kein Schuh hatte derart viele Modesünden und kurzfristige Gags zu ertragen. Plateausohlen, Stulpen, Schlangenmuster, Overknees, Hosen drin, Strümpfe drüber, klumpförmige Schuhspitze. Kaum ein Trend, der sich länger als eine Saison hielt. Zahllose Leichen in den Schuhablagen künden davon. Kaufen Sie sich keine topmodischen Stiefel, zu denen Sie dann noch die passende Kleidung aussuchen müssen. Stiefel sollten zu möglichst viel bereits vorhandener Garderobe passen, sonst verröchelt der letzte Schrei ziemlich schnell. Und das bedeutet – leider: konservative, schwarze Allzweckstiefel kaufen. Es sei denn, Sie haben richtig viel Geld übrig für die grünen Schlangenlederstiefel mit dem durchsichtigen Plexiglasabsatz, in dem ein Goldfisch schwimmt.

Sneakers, Trainers, Turnschuhe sind praktische Freizeitschuhe. Im Sommer trägt man darin Füßli, diese unsichtbaren Minisöckchen. Entscheiden Sie sich vor dem Kauf, ob Sie mit den Schuhen Sport treiben wollen oder ob sie rein modisch-praktischen Zwecken dienen. Die klobigeren Modelle passen besser zu Hosen, doch Segelschuhe sehen auch an schlanken Beinen zu Röcken gut aus.

Strümpfe, Socken, Strumpfhosen

Das Beinkleid richtet sich grundsätzlich nach Schuhwerk und Kleidung. Doch die Damen haben auch in diesem Punkt je nach Jugend und Modewagnis einen größeren Spielraum als die Herren. Im konservativen Sinne korrekt ist es, wenn die Strümpfe sich nach der Farbe der Schuhe richten oder neutral hautfarben oder schwarz sind. Strümpfe, die nur kurz zwischen Schuh und Hose aufblitzen, sollten nicht farbig aufleuchten. Die Strumpfhose darf niemals über dem Hosen- oder Rockbund gesehen werden. Söckchen gelten als mädchenhaft; wer allerdings über 30 ist, rosa Ringelsöckchen und Schleife im Haar trägt und mit Minni-Maus-Stimme spricht, wird kaum als ernst zu nehmende Geschäftspartnerin eingestuft werden.

In den USA gelten unbestrumpfte Beine als gar nicht damenhaft.

Unterwäsche

Diese Kleidungsstücke sind längst nicht mehr nur unsichtbar, sondern ebenfalls ein Modestatement. Manchmal ist das zu bedauern, denn nicht immer möchte man den Slip sehen oder die Träger des BHs.

Büstenhalter

Kein anderes Kleidungsstück gibt es in so vielen Größen wie den BH. Erstaunlicherweise tragen die meisten Frauen eine falsche BH-Größe. Gehen Sie am besten in ein Dessousfachgeschäft und lassen sich von einer Fachkraft ausmessen.

Erst in den letzten Jahren haben BH-Träger das Licht der Öffentlichkeit erblickt; aber auch diese Mode wird wieder verschwinden, und dann entsinnt man sich der vielerlei Tricks, wie man sie unter *jedem* Kleid unsichtbar machen kann.

Frauen mit Körbchengröße A müssen keinen BH tragen. Sie können allerdings sicher sein: Es wird bemerkt. Von jedem, wirklich jedem Mann.

Die gesamte Unterwäsche (BH, Slip, Strümpfe) übrigens immer im schonenden Wäschebeutel waschen, nicht direkt in die Maschine geben.

Slip, String, Schlüpfer, Unterhose

Mit dem Aufkommen der auf die Hüfte heruntergefallenen Hosen sieht man seit wenigen Jahren oft den Slip über dem Hosenbund aufgehen, und zwei römisch anmutende Brückenbögen breiten sich aus. Vermutlich wird sich dieses »Hinterndekolleté« nicht lange modisch halten. Jedenfalls sollte die Trägerin unbedingt das Wäschezeichen entfernen, sonst läuft man ja herum wie ein Steifftier mit Fähnchen!

Hosen

Konservative Arbeitgeber wünschen sich Damen, deren Hosen nicht zu eng sind und eine Bügelfalte aufweisen. Der Saum sollte genau bis über den Knöchel reichen, nicht über dem Fuß aufschlagen oder den Knöchel freigeben. Eine passende Jacke, die die Hose zum Anzug ergänzt, kommt in Banken, Vorstandsetagen und auf Kongressen gut an.

Mit Jeans taucht man wohltuend in der Allgemeinheit unter. Nur nagelneue, erst einmal gewaschene Jeans versprühen einen individuellen Charme. Wenn Sie attraktiv erscheinen wollen, im Alltag oder auf einer Party, kombinieren Sie die Jeans mit einem extravaganten Teil. Stiefel, eine kurze Jacke oder enge Bluse zu Jeans betonen den Po. Bleiben Sie in punkto Jeans selbstkritisch, aber nicht zu sehr.

Blusen & Dekolleté

Jede Frau braucht mindestens eine weiße Bluse. Eigentlich können Sie sie zu allem und zu vielen Anlässen tragen, doch unterscheidet sich jede Bluse in kleinen, aber entscheidenden Details. Während Kragenform und Manschetten nach persönlichem Geschmack ausgesucht werden, ist der Umgang mit den Knöpfen eine allgemeine Überlegung wert: Wie viel des Brustbeins will ich bei welcher Gelegenheit zeigen? Hochgeschlossen, den Kragen steif aufgerichtet und darüber ein Pullunder wirkt verklemmt. Zwischen oberstem und zweitem Knopf sieht man etwas Haut – ist das bereits zu sexy? Kann ein sitzender Kollege meinen BH sehen, wenn ich mich vorbeuge? Das bringt uns zu der grundsätzlichen Frage: Wie viel Dekolleté ist erlaubt?

Begegnen Sie Menschen zum ersten Mal und Ihr roter BH sprüht Feuerfunken wie ein brennender Leuchtturm, dann werden vielleicht einige der neuen Bekannten, Kollegen, Geschäftspartner annehmen, das wären bereits Ihre besten Argumente. Besonders andere Frauen können darauf allergisch reagieren. Kennt man Sie schon länger, wird man eine gewisse Offenherzigkeit als Ihren Stil akzeptieren und sich auf die Arbeit, die Unterhaltung konzentrieren und nicht darauf, ob der direkt zwischen Ihren Brüsten sitzende, von unten gerechnet letzte geschlossene Blusenknopf dem Druck standhält.

Seltsamerweise gibt es viele Frauen, die den grundsätzlichen Unterschied zwischen Bluse eins und Bluse zwei nicht kennen. Das wäre doch egal, dass der Knopf bei Nummer zwei 15 Millimeter tiefer liegt. Ist es absolut nicht.

Unter weißen Blusen werden weiße oder hautfarbene BHs getragen. Basta.

Blusen gibt es auch in anderen Farben, aber keine ist so schön wie die weiße.

Röcke, Kleider

Etuikleid, Hosenrock, Mini, A-Linie, Krinoline, Schneiderkostüm, Hemdblusenkleid, Cheongsam, Dirndl, Seitenschlitz, Rückendekolleté, Chanel, Yamamoto, Jil Sander … Die Auswahl ist derart vielfältig, dass wir die Waffen strecken. Nur ein paar kleine Einwürfe sind möglich: Jede Frau braucht ein kleines Schwarzes. Im Büro trägt man nicht schulterfrei. Wenige Zentimeter über oder unter dem Knie entscheiden zwischen bieder und »Olala!«.

Pullover

Der Pullover an sich ist unisex. Die Grundsatzentscheidung fällt mit dem Ausschnitt, wobei nicht die Tiefe, sondern die Form entscheidend ist. Mit Rollkragen, V-Ausschnitt, Rundausschnitt, Polokragen oder Reißverschluss setzt die Trägerin ein unterschiedliches Statement. Brav oder frech, leger oder sportiv.

Der schwarze Rolli ist ein Klassiker, der jeder Frau aus der Verlegenheit der Kleiderfrage hilft. Twinsets, die es in der ganzen Palette von konservativ bis ultrachic gibt, sind ebenfalls ein Rettungsanker, wenn sich wieder einmal die Frage erhebt: Was ziehe ich an?

Abendkleid

Zum großen Abendkleid, zur dekolletierten, langen Robe tragen Sie den besten Schmuck, den Sie haben, aber nicht zu viel davon: nur eine Kette, nicht drei übereinander. Nur einen Ring und keine Hand voll. Eventuell ein Diadem.

Zum Abendkleid sind nur kurze Jacke oder bodenlanger Mantel erlaubt, nicht aber der normale halblange Mantel. Dekolleté zeigt man in konservativer Umgebung nicht am helllichten Tag und auch nicht als Hochzeitsgast in der Kirche, das heißt, Sie brauchen eine Jacke aus demselben Stoff des Kleides. »Jacke, Stola und Cape gehören zum Kleid und werden nicht an der Garderobe abgelegt, sondern lässig über die Stuhllehne drapiert«, erläutert die Grand Dame des Benimms, Sybil Gräfin Schönfeldt.

Jetzt fehlt eigentlich nur noch der passende Mann, mindestens im Smoking. Zur Not tut es auch ein männlicher Begleiter, der einen dunklen Anzug trägt. Aber dann sollte er wenigstens verdammt gute Manieren haben.

Accessoires

- Handtaschen sind Frauen grundsätzlich zu klein, egal wie groß sie sind. Am besten haben Sie zwei Taschen. Eine größere für den Job, in die ein Din-A4-Block hineinpasst und die über die Schulter getragen werden kann. Und eine kleinere nur für Schlüssel, Lippenstift, Puderdose und Taschentuch.

- Kramen Sie nicht dauernd in Ihrer Handtasche. Entmüllen Sie sie regelmäßig.

- Das Handy braucht einen festen Platz, eine eigene Tasche in der Tasche.

- Ohrringe wechseln mit der Mode. Mal klein, mal groß. Mal Kreolen, mal Perlenstecker. Mal Plastik, mal Gold. Ohrringe sollten beim Telefonieren nicht klappern.

- Mehr als zwei Ringe tragen nur Hippies, Rocker und eine »Goldelse« (eine Frau, die sich mit zu viel Schmuck und meist mit Talmi behängt).

- Bernstein- und Perlenketten machen die Trägerin älter. Sagt man.

Wer die Sonnenbrille im Haar trägt, der trinkt auch Milchkaffee und isst einen kleinen gemischten Salat. Aber hey, wer hat etwas gegen Milchkaffee und kleinen gemischten Salat?

Männliche Mode und Modesünden

Jeder Mann braucht einen dunklen Anzug und für den Sommer einen leichteren, helleren. Außerdem mindestens eine Jeans, ein weißes und ein blaues Hemd, zwei dezente Krawatten, ein Paar schwarze Oxfordschuhe und einige weiße T-Shirts mit schmalem Bündchen.

In jeder Welt gilt eine andere Kleiderordnung. Treffen sich die Baumarktleiter zur Jahreskonferenz, sieht man dort eher farbenfrohe Sakkos als bei einer Geschäftsbesprechung von Managern. Deren Aufzug hingegen könnte leicht overdressed wirken, wenn sie sich um die Stelle eines Schul-Hausmeisters bewerben würden.

Auch wenn Sie sich an eine Umgebung anpassen wollen, heißt das nicht, dass Sie jede Modesünde mitmachen müssen. Die Kombination Jeans und Sakko ist zwar zu ertragen, cool ist sie nicht. Wer zu Krawatten aus Leder oder Strick oder mit rammelnden Playboyhasen als Muster greift, womöglich noch mit einer New-York-Skyline-Krawattennadel, dem sollte die Hand verdorren. Weiße Frotteesocken, fliederfarbene Blousons, weinrote Lederjacken, Bundfaltenjeans, weiße Cowboystiefel, aufgesetzte Taschen auf Jacken, Hemden, Hosen – das alles muss, darf nicht sein.

Farben und Muster

Schwarz, Grau, dunkles Blau, Braun und Weiß sind anerkannte Männerfarben. Bei Senf, Aubergine, Rosa, Hellgrün, Kobalt,

Gelb, Rot, Orange, Türkis wird es schwierig. Sehr schwierig. Nicht zu rechtfertigen sind wilde Farbmuster oder Figuren wie Micky Maus, Dollarzeichen, Eiffeltürme, Pinguine oder Palmen auf Boxershorts, Krawatten, Socken, Uhren, Manschettenknöpfen oder Freizeithemden. Auch Beschriftungen wie »Paris«, »New York«, »Jumping high, feel good«, »Bier formte diesen wunderbaren Körper« oder großbuchstabige Markennamen wie Moschino, Boss, Stüssy unbedingt vermeiden. Menschen unter 30 seien Message-T-Shirts mit Aufschriften wie »Burn venture capital, burn« oder »Read my tits« erlaubt.

Schuhe: konservativ im Business

Der Klassiker ist der **Oxford**: schwarz und außer einer über der Kappe verlaufenden Ziernaht völlig unauffällig. Mit einem Paar Oxfords ist man im Büro und auf der Straße immer passend angezogen.

Der **Fullbrogue**, ebenfalls ein Klassiker, ist mit seinem typischen Lochmuster auffälliger. Ihn trägt man gern auch in Braun. Wie bei allen braunen Schuhen sind braune Strümpfe Pflicht!

Der **Budapester** unterscheidet sich vom Fullbrogue lediglich durch die Schnürung, und auch das erkennt bloß der wahre Kenner. Die Derby-Schnürung des Budapesters gilt als sportlich-rustikaler. Dabei sind die beiden Seitenteile über das Vorderteil des Schuhs, das Blatt, gelegt und nach vorn offen. Der Fullbrogue wird mit dem eleganteren Blattschnitt verschnürt. Bei dieser Bindung laufen die beiden Schnürsenkel an einem Punkt unter der Schuhzunge zusammen.

Der **Derby** bzw. **Blucher** (sprich »Bluuker«) ähnelt dem Oxford, doch seine Seitenteile, die Klappen mit der Schnürung, liegen abgesetzt über dem Vorderblatt, also der Zunge.

Norweger weisen an der Schuhspitze eine Mittelnaht auf und sehen ansonsten aus wie ein Derby. Sie sind oft aus braunem, körnigem Leder mit einer auffälligen Naht um den Rahmen.

Mokassins haben eine flache Sohle, keine Schnürung und meist eine auffällige Naht um das Vorderteil.

Der legere **Loafer**, auch fälschlich **Slipper** genannt, besitzt ebenfalls keine Senkel und eine dünne Sohle, aber die Naht um das Vorderteil fällt schlichter aus als beim Mokassin. Loafer gibt es als **Beefroll**, mit rollbratenartiger Naht ringsum, oder als **Pennyloafer** mit Schlitz in der Spannklappe. Mit hundepfotenartigem Profil ist er als Bootsschuh unter dem Namen **Top-Sider** bekannt. Als **Tassel-Loafer** bzw. **Bommelschuh** wird er nur von Stilsündern getragen, die noch nicht aus dem Verkehr gezogen wurden. Loafer sind lässig, ein bisschen amerikanisch und können zum Anzug, aber auch zu Jeans, Chino und Cordhosen getragen werden.

Der **Court** oder **Pump** bzw. **Escarpin** ist das Gegenteil zu diesen Freizeitschuhen. Der festliche Schuh aus schwarzem Lack oder Kalbsleder erinnert an einen Damenschuh und hat vorn eine Schleife. Er ist Pflicht zu Frack und Smoking.

Schuhe: cool und lässig

Chukkaboots sind knöchelhohe Schnürschuhe aus Wildleder, zum Beispiel Dessertboots von Clarks. Bei **Sneakers** (Turnschuhe) bringt die Mode jede Saison einen neuen Stil, bewährte Klassiker sind Convers, Adidas und Nike. Sneakers und Wildlederstiefel zum Anzug sind nur für junge Männer erlaubt.

Nieder mit der Socke!

Herren tragen Kniestrümpfe oder nackte Füße in Sandalen – keine Socken! Klassiker sind schwarze Baumwollstrümpfe, zu braunen Schuhen natürlich braune Beinkleider. Mit Mustern oder anderen Farben müssen Sie sehr vorsichtig sein.

Unterhosen

Jedes Jahrzehnt hat seine Unterhose: Enge Slips trug man in den 70er-Jahren (und heute noch in Italien – von wegen angeborenes Stilgefühl bei Italienern!). Zehn Jahre später kamen die Boxershorts auf, die auch die 90er-Jahre überlebten, und seitdem sind Trunks (Pants) beliebt, anliegende Shorts.

Hip-Hopper zeigen gern den Rand ihrer Unterhose. Ursprünglich geht dieses Outing auf Gefängnisinsassen zurück, denen man den Gürtel der Hose wegnahm, damit sie sich nicht aufhängen konnten. Weshalb die Hose rutschte. Vermeiden Sie aber bei tief sitzenden Hosen unbedingt das so genannte Klempnerdekolleté: Beugt sich der Handwerker nach vorn, um den Abfluss zu reparieren, sehen die Kunden nicht ganz freiwillig einen weißen Mond über der Hose aufgehen, die Unterhose erscheint und dann die Pofalte … und wir wenden uns mit Grausen ab.

Calvin Klein hat seinen Namen auf den Unterhosenrand geschrieben und damit die größte Modetorheit vollbracht, seit der französische Adel im 18. Jahrhundert sich in der Farbe des gerade geborenen Thronfolgers kleidete: Kacka.

Wildkatzenmuster und roter Lack sind etwas für Mutige, die keine Angst haben, ausgelacht zu werden. Mit Fußballunterwäsche signalisieren Sie Ihrem Sexualpartner, was wirklich wichtig ist in Ihrem Leben. Feinripp dagegen ist sehr okay.

Unterhemden

Ja, T-Shirts unter dem Hemd sind praktisch. Aber eigentlich gehören sie da nicht hin, denn sie hinterlassen dieses kleine Dreieck im Kragen. Ein echtes Unterhemd mit tieferem Ausschnitt ist auf jeden Fall stilvoller. Niemals jedoch darf das T-Shirt unter dem Hemd, wenn es denn sein muss, farbig sein. Ein grünes, noch dazu verwaschenes T-Shirt unter einem halb gebügelten Streifenhemd sieht furchtbar aus.

Hemden

Auf keinen Fall dürfen Sie das Hemd in die Unterhose stecken. Die Manschetten und der Kragen haben aus dem Jackett herauszuragen. Hemden müssen angenehm, aber eng am Hals anliegen; sie werden meist jedoch zu weit getragen. Im Nacken sollte kein Spalt klaffen, in den man Münzen einwerfen kann. Ein zweiter, weit verbreiteter Fehler: Der Kragen ist zu niedrig. Er sollte bis zur Gurgel reichen, die Brusthaare dürfen nicht rauswuchern. Keine zu weiten Ärmel, die sich unter dem Sakko aufstauen.

Hellblau ist die klassische Hemdfarbe bei europäischen Geschäftsleuten, in den USA Weiß, die Briten tragen gern gestreifte Hemden. Verboten sind blaue Hemden mit weißem Kragen. Jeanshemden sind eine wacklige Angelegenheit; die kann nicht jeder tragen, und auch dann nur in ausgewählter Kombination. Button-down-Kragen ist Freizeitlook, eigentlich darf man dazu keinen Schlips tragen. Aber das sehen viele nicht mehr so eng. Diesen feinen Unterschied können Sie im Fernsehen beobachten: Auslandskorrespondenten tragen schon mal Button-down, Tagesschausprecher noch nicht.

Anzüge

Ein Anzug besteht aus Jacke und Hose im selben Stoff und Stil. Manchmal kommt noch eine Weste hinzu. Der Einreiher hat meist drei Knöpfe, nur die oberen zwei werden geschlossen. Der Zweireiher besitzt vier oder sechs Knöpfe, das obere Paar bleibt offen (man kann sie auch gar nicht zuknöpfen).

Gute Anzüge erkennt man am Inneren der Hose. Die Nähte sind sauber verarbeitet, das Futter besteht aus Baumwolle oder Viskose und nicht aus Nylon. Eine solide Hosentasche ist mit einem Knopf am Hosenbein gesichert.

Ein weiteres Indiz für aufwändige Verarbeitung sind die Stoffmuster. Streifen müssen sich über die Brusttasche ohne Unterbrechung fortsetzen. Karoreihen müssen waagerecht von Brust zu Ärmel überlaufen, ohne schiefen Knick.

Bei guten Jacketts finden Sie unter dem Revers feine Stiche, das heißt, die versteifende Einlage wurde pikiert und nicht geklebt.

Handgenähte Knopflöcher werden mit vielen winzigen Stichen umsäumt, und die Knöpfe liegen eng übereinander geschichtet in einer Reihe (»kissing buttons«). Ein teures Statussymbol und deshalb nur bei Maßanzügen üblich.

An der Stelle, wo das Revers zum Kragen übergeht, verläuft die so genannte Crochetnaht, und je steiler sie ist, desto aufwändiger war das Sakko zu schneidern.

Leinenanzüge werden gern von Schauspielern getragen, die ihre künstlerische Seite betonen und vorgeben, in der Freizeit Aquarelle zu malen. Sie sehen darin bescheuert aus. Alle, ohne Ausnahme. In knittrigen, naturfarbenen Hanfanzügen auch.

Zu grauen oder blauen Anzügen niemals braune Schuhe tragen.

Jacketts

Beim Hinsetzen knöpft der Mann das Jackett auf, sonst bleibt es geschlossen; nur der unterste Knopf ist beim Einreiher immer offen.

Das Jackett so selten wie möglich ausziehen. Bei Konferenzen nur, wenn es der Chef vormacht. Nicht über den Stuhl hängen, sondern in die Garderobe. Jacketts dürfen nicht ausbeulen, deshalb keinen dicken Geldbeutel in die Seitentasche stecken.

Nadelstreifensakkos passen nicht zu Cord, Denim oder Khaki. Kein helles Jackett zur dunklen Hose, kein dunkles zu hellem Pullover anziehen. Keine kurzärmligen Hemden unter dem Jackett tragen.

Hosen

Schmale Hosen gehen bis zum Knöchel, breitere, mit Bundfalte, bis zum Schuh, und dort dürfen sie leicht ein-, aber nicht umknicken. Hinten darf das Hosenbein höchstens die Hälfte der Fersenkappe bedecken, mindestens zwei Drittel des Schuhs inklusive Absatz sollten zu sehen sein.

Je kürzer die Hose – dreiviertellang, Bermudas, Shorts –, desto größer das Problem, darin nicht lächerlich auszusehen.

Hosen mit Knöpfen sind schicker als die mit Reißverschluss. Das gilt auch für Jeans. Hier ist der Klassiker nach wie vor die Levis 501, das besondere Stück die Vintage mit dem großen E in Levis.

Gürtel

Mit Gürteln ist es wie mit Weingläsern: Jedes Glas mit Stil muss man an diesem halten, in jede Hose mit Schlaufen gehört ein Gürtel. Zu Jeans trägt man breitere Gürtel, zu Anzügen schmalere. Niemals Hosenträger und Gürtel gleichzeitig! Mit einem alten, im Lack geknickten Gürtel ruinieren Sie sich den schönsten Gesamteindruck. Gürtel und Schuhe sollten von gleicher Farbe sein. Keine geflochtenen Gürtel bitte.

Krawatten

Jeder Mann sollte zwei oder drei Krawattenknoten beherrschen. Die Krawatte muss so lang sein, dass sie im Sitzen bis zur Hose, aber im Stehen nicht über den Gürtel reicht – das wirkt wie ein Hinweispfeil auf…, na, Sie wissen schon. Das dünnere Ende des Schlipses sollte verborgen bleiben. Zu kurzen Hemden und Jeans passen definitiv keine Krawatten.

Seidenkrawatten sind die edelsten. Als Muster erlaubt sind: einfarbig, gestreift und gepunktet. Allover nennt man serielle Muster. Kleine abstrakte Motive wie Achtecke sind okay, gegenständliche wie Schachfiguren, Krönchen, Herzchen eher weniger. Paisley bindet man sich nur um den Hals, wenn es wieder einmal kurzfristig Mode ist. Auffällige geometrische oder florale Muster, als hätte ein abstrakter Maler LSD genommen, sind mit der Pinzette anzufassen. Und dann in den Mülleimer zu werfen.

Accessoires für den Gentleman

- An Schmuck erlaubt sind traditionell nur Krawattennadel, Siegel- und Ehering, Manschettenknöpfe, Uhr und Orden. Letzteres aber nur mit Cut oder Frack bei Staatsempfängen, beim Wiener Opernball etc.
- Ein Taschentuch aus weißem Batist, nicht jedoch aus Seide, korrekt in den Bügelfalten oder »englisch« zusammengelegt (fragen Sie Ihren Herrenausstatter) und bei Bedarf den Damen angeboten, ist ein herrliches und herrschaftli-

ches Vergnügen. Die üblichen Drei-Wimpel-Fähnchen, die zum Anzug mitgeliefert werden und reine Schmuckfunktion haben, sind nicht comme il faut.

- Uhren sollten richtig teuer sein. So ab 2500 Euro. Oder Sie kaufen sich eine alte und vor allem schöne Armbanduhr einer guten Marke aus einem Jahrzehnt, das noch nicht von Sammlern hochgejazzt wurde. Das Gleiche gilt für Feuerzeug und Füller; nicht jeder kann sich ein Montblanc Masterpiece leisten. Vielleicht finden Sie auch eine edle und gut verarbeitete alte Aktentasche auf dem Flohmarkt.

Accessoires für coole Jungs

- Panzerketten um das Handgelenk sind immer mal wieder modisch in.
- Goldkettchen werden von Italienern und Fußballern getragen. Die fetten Goldketten von Hip-Hoppern.
- Der Brilli im Ohr stellt im Arbeitsleben heutzutage keinen Stein des Anstoßes mehr dar. Oft ist es der letzte Gruß an eine wilde Jugend.
- Totenkopfringe bitte nur zur Lederjacke.
- Über Piercing und Pferdeschwanz kann man streiten.

Cut, Frack und Smoking

Der **Cut** ist der Elefant unter den Anzügen: groß, grau und vom Aussterben bedroht. Man trägt ihn vor 15 Uhr bei festlichen Anlässen. Der Cut oder Cutaway besteht aus einer grauweiß gestreiften weiten Hose, der Stresemannhose, einer grauen Weste, einer silbergrauen Krawatte und darauf eine

Perle. Ja, eine Perle. Dazu weißes Kragenhemd oder weißes Hemd mit Kläppchenkragen und Plastron – der breite Vorläufer der Krawatte –, Hosenträger und das Beste: die einreihige Schoßjacke. Deren Schwalbenschwänze flattern nicht wie beim kleinen Bruder Frack, sondern sie fallen schwer nach unten und umhüllen die Hüften.

Mit einem Cut spürt man die Verbindung zur Vergangenheit, zu Adenauer und Goethe. Er wird nur zum ganz großen Event getragen, zur Ordensverleihung, zum wirklich feinen Pferderennen, zur eigenen (Fürsten-)Hochzeit. Bei Regen darf nur ein einreihiger schwarzer Mantel über dem Cut getragen werden. Und ein grauer Zylinder.

Steht auf der Einladung »White tie«, ist der **Frack** Pflicht. Er besteht aus einer schlanken, aber bei Gott nicht engen Hose mit hohem Bund. Als Farben sind nur Mitternachtsblau und Schwarz erlaubt (alles andere wäre Zirkusdirektor). An den Beinen glänzen seidene Galons, also Tressen bzw. Borten. Man trägt dazu ein weißes, gestärktes Hemd mit ausgearbeiteten Ecken und eine Pikeeweste, die zweireihigen sind die eleganteren. Daran möglichst Perlmutt- oder Perlknöpfe. Zum Frack trägt man ebenfalls Hosenträger, natürlich unsichtbar unter der vorn kurz taillierten Jacke mit den knielangen Schwalbenschwänzen. Die Frackjacke dürfen Sie niemals schließen. Eine prächtige weiße Schleife unter dem Kinn (die Kellner tragen schwarze) und eine goldene Taschenuhr runden das Bild ab. Armbanduhr oder gar Krawatte sind ein Grund für ein einseitiges Duell: Sie gegen eine ganze Phalanx.

Leider werden Fräcke meist nur abends und drinnen getragen, da würde der passende Zylinder übertrieben aussehen. Dazu ein weiter schwarzer Mantel mit weißem Schal, und man weiß, wie die Gesellschaft bei Marcel Proust ausgesehen hat. Die begleitende Dame muss natürlich ein großes Abendkleid tragen.

Der heute verbreitetste Festanzug ist der **Smoking** (Tuxedo). Bei jeder anderen Jackenfarbe als Schwarz oder Dunkelblau rümpfen die Gastgeber die Nase und runzeln die Stirn. Die Smokingjacke hat Seidenrevers oder Schalkragen. Die natürlich ebenfalls schwarze Hose besitzt keinen Aufschlag, aber wie beim Frack schimmert eine schmale Seitenborte längs am Bein. Zum weißen Hemd kombiniert man entweder einen Kummerbund oder eine Weste. Unter einreihigen Smokingjacken trägt man eine Seidenweste, bei zweireihigen ist das nicht nötig. Mit Knöpfen, Manschettenknöpfen, Biesen, Spitzen und Rüschen am Hemd darf der Mann seine Individualität unterstreichen. Die schwarze Schleife (auch Masche genannt) unter dem typischen Smokingkragen mit den heruntergeknickten Ecken ist das Tüpfelchen auf dem i. Deshalb steht auf der Einladung »Black tie«.

Zu Smoking und Frack trägt man übrigens Lackpumps, auch Court genannt. Zum Cut jedoch nicht, da werden Lederschuhe verlangt.

Krankheit und Tod

»Wenn es irgendeine geheime Formel im Umgang mit dem sicheren Tod gibt, liegt sie in der Vorstellung, dass nichts, was man tut, den Tod vermeiden kann, dass das eigene Leben ein leerer Traum ist. Hast du das begriffen, sei niemals unaufmerksam gegenüber dem Schatten des Todes, der dicht um deine Füße herumschleicht. Erspare dir keine Mühe, früh darauf vorbereitet zu sein.«

Aus dem »Hagakure« des Samurai Yamamoto Tsunetomo um 1710

Kranksein ist eine Ausnahmesituation, in der der Kranke mehr Rücksicht erwarten kann und die gesunde Umgebung viel Geduld aufbringen muss. Einige Kranke möchten, dass man sich um sie kümmert, Tee kocht, eine Extradecke vorbeibringt, häufig nach dem Befinden fragt; andere Kranke wollen nur ihre Ruhe.

Wenn man krank ist, lassen sich manche Höflichkeitsregeln, die für gesunde Tage gelten, nicht aufrechterhalten. Wer krank ist, konfrontiert seine Umwelt mit Körpersäften und schlechten Gerüchen, mit Ichbezogenheit und Leidensmiene. Und er darf das. Jeder, der damit Probleme hat, sollte daran denken, dass er selbst einmal krank werden kann. Und sich freuen, dass er gesund ist.

Manchmal aber wird man nicht mehr gesund. Naht der Tod und Sie wissen, dass Sie bald sterben werden (oder Sie leben so gefährlich, dass ein plötzliches Ableben keine Überraschung wäre), entsorgen Sie bitte rechtzeitig alles Peinliche aus Ihrem Wohnumfeld – wie beispielsweise Ihre Pornosammlung. Sortieren Sie wichtige Unterlagen in eine eigene Schublade oder legen Sie einen Ich-Ordner an: mit Testament, Bankunterlagen, Versicherungspolicen, Mitgliedschaftsnachweis etc. Wenn Sie allein leben, informieren Sie einen Vertrauten, wo diese Unterlagen nach Ihrem Ableben zu finden sind.

So stirbt man gelassener und gegenüber seinen Mitmenschen auch höflicher.

Am Krankenbett

Besuche im Krankenhaus sollten den Kranken nicht erschöpfen. Besuchen Sie ihn lieber am Nachmittag ein zweites Mal.

Wenn Sie Blumen mitbringen, dann nur Schnittblumen, die nicht zu stark duften. Trockenblumen stauben, Topfpflanzen bröseln, weiße Blumen gelten als Todesboten. Dennoch sieht es in vielen Krankenzimmern aus, als ob eine Gärtnerei evakuiert wurde. Bringen Sie besser Hörbücher, Kreuzworträtsel, Puzzles, Patiencekarten mit Spielanleitung, Strickzeug oder ein paar Illustrierten mit. Davon hat der Kranke wesentlich mehr.

Erkundigen Sie sich nach seinem Gesundheitszustand, fragen Sie nach dem Ablauf der Operation, nach den Medikamenten, die er bekommt, und hören Sie aufmerksam zu. Um ihn abzulenken, erzählen Sie Gute-Laune-Geschichten von Freunden und Bekannten.

Bei Schwerkranken vermeiden Sie ein allzu fröhliches »Das wird schon wieder!«. Krampfhafte Aufmunterungssprüche zwingen nur zu einem heuchlerischen Lächeln. Die Erwähnung des Zustands kann erst recht deprimierend sein. Lassen Sie den Schwerkranken reden, wenn er das möchte, und hören Sie nur zu. Halten Sie seine Hand, reden Sie über das Krankenhaus, über das Essen, erkundigen Sie sich vorsichtig, wie weit sich der Patient für anderes interessiert.

Bieten Sie einem Kranken Ihre Hilfe an: Briefkasten leeren, Blumen gießen, Auto umparken, Gegenstände aus der Wohnung holen.

Ein Todesfall

Stirbt ein Mensch in Ihrer Anwesenheit, rufen Sie als Erstes den Notarzt. Als Angehöriger oder Verwandter lassen Sie sich vom Arzt einen Totenschein ausstellen. Bei ungeklärter Todesursache wird obduziert.

Beauftragen Sie ein Bestattungsunternehmen. Benachrichtigen Sie die Familie und die engsten Freunde telefonisch. Sagen Sie dem Arbeitgeber Bescheid.

Kümmern Sie sich um den Nachlass, und übergeben Sie das Testament einem Notar oder dem Nachlassgericht. Beantragen Sie mehrere Sterbeurkunden vom Standesamt.

Legen Sie in Absprache mit der Familie einen Termin für die Beerdigung fest. Bestellen Sie Trauerkarten, und setzen Sie eine Traueranzeige in die Zeitung.

Ordnen Sie den bürokratischen Nachlass des Verstorbenen: Lebensversicherung/Rentenversicherung/Krankenkasse informieren. Miete, Mitgliedschaften, Abonnements, Versicherungen kündigen.

Am Grab

Wenn Sie eine schriftliche Benachrichtigung über einen Todesfall erhalten, antworten Sie noch in derselben Woche mit einem Kondolenzbrief. Er ist handschriftlich, natürlich keine Postkarte, wird mit der richtigen Briefmarke versehen und sollte ordentlich gestempelt sein. Verwenden Sie neutrales, rein weißes Papier ohne Adressaufdruck, nicht die schwarz umrandeten Briefbögen, denn die sind nur für den Trauerbrief der Angehörigen vorgesehen. Der Briefumschlag kann jedoch einen schwarzen Rand haben. Legen Sie nichts anderes bei, keine Fotos, Zeitungsausschnitte etc. Schreiben Sie etwas Persönliches, Ihre Zeilen sollen eine Erinnerung an den Verstorbenen sein, eine Rückschau.

Erkundigen Sie sich telefonisch bei den Trauernden, ob sie zu einem passenden Zeitpunkt einen Besuch wünschen. Wenn Sie dem Toten nahe standen, fragen Sie nach, ob Sie helfen können.

Bei der Trauerfeier schütteln Sie den Trauernden die Hand oder umarmen sie und sagen etwas Passendes, Mitfühlendes. Etwa: »Ich muss die ganze Zeit an sie denken« oder »Die Stadt ist nicht mehr dieselbe ohne ihn.« Es sollte ehrlich gemeint sein und nicht auswendig gelernt klingen. Ein reines »Herzliches Beileid« hört sich allzu steif und floskelhaft an, ein aufrichtiges »Mir fehlen die Worte« ist besser als »Es war Gottes Wille«. Wenn in einer Traueranzeige steht, man möge von Beileidsbekundungen am Grab Abstand nehmen, so erfüllen Sie den Trauernden natürlich diesen Wunsch.

Setzen Sie sich bei der Trauerfeier nicht in die letzte Reihe, die ersten drei Reihen sollten gefüllt sein. In der ersten Reihe sitzt die Familie.

Kränze und Trauergebinde werden von der Gärtnerei zum Friedhof geschickt. Falls Sie selbst einen Kranz mitbringen, erscheinen Sie 20 Minuten vor Beginn der Trauerfeier vor Ort. Niemals mit einem Kranz im Trauerhaus erscheinen. Sträuße, die man in das offene Grab werfen will, dürfen höchstens aus fünf Blumen bestehen.

Wird der Sarg zum Grab getragen, folgt ihm als Erstes der Geistliche, dann die engsten Angehörigen, schließlich die Freunde.

Verspätungen, Eile, Handyklingeln, Lachen und Kleidung in grellen Farben sind bei Beerdigungen fehl am Platz.

Eine Beerdigung ist ein tröstlich formelhaftes Ritual. Danach, bei einem Empfang, dem so genannten Leichenschmaus, ist Zeit für Persönliches. Man kann mit den Trauernden reden, Erinnerungen austauschen, weinen. Und jetzt darf auch wieder gelacht werden.

Die vier goldenen Regeln

»Zwei Dinge erfüllen das Gemüt mit immer neuer und zunehmender Bewunderung und Ehrfurcht, je öfter und anhaltender sich das Nachdenken damit beschäftigt: Der bestirnte Himmel über mir und das moralische Gesetz in mir.«

Immanuel Kant

Regeln können schmerzhaft einzwängen, aber auch wohltuend Halt geben. Es ist gut, dass es Regeln gibt. Denn viele erfüllen einen sinnvollen Zweck.

So wie ein Pianist in der Kindheit zuerst Tonleitern übt, bevor er sich an eigene Kompositionen wagt, sollten wir die Standards des guten Benehmens kennen und können. Jeder Komponist, mag er auch noch so umstürzlerisch sein, folgt doch mindestens einem Gesetz: Er möchte das, was er für richtig erkannt hat, umsetzen.

Wahre Höflichkeit kommt von Herzen. Es ist das moralische Gesetz, von dem Immanuel Kant spricht. Jeder Mensch, mag er auch noch so unkonventionell sein, mögen ihm Zuckerzange, Adelstitel und Deodorant egal sein, folge doch bitte den vier goldenen Regeln der Harmonielehre:

Aufmerksamkeit

Achten Sie auf Ihre Umgebung. Benehmen Sie sich so, dass Sie niemand stören. Respektieren Sie den Raum, die Zeit und das Geld anderer Menschen.

Einfühlungsvermögen

Denken Sie nicht nur an sich. Versetzen Sie sich in die Lage anderer. Sorgen Sie dafür, dass sich auch Menschen mit anderer Lebensart wohl fühlen.

Selbsterkenntnis

Beobachten Sie sich selbst und wie die Umwelt auf Sie reagiert. Flüchten Sie nicht in geringes Selbstwertgefühl, und belästigen Sie Ihre Mitmenschen nicht mit Großspurigkeit. Nehmen Sie fremde Kritik an und üben Sie Selbstkritik.

Gelassenheit

Respektieren Sie fremde Gewohnheiten, und akzeptieren Sie die Fehler anderer. Verhalten Sie sich nicht herablassend, und bleiben Sie auch in der Katastrophe freundlich.

Register